욕망의 페르소나

욕망의 페르소나

초판 인쇄 2019년 10월 07일
초판 발행 2019년 10월 11일
지은이　김기석
펴낸이　장병주
펴낸곳　예책
등록번호　제17-311호
주소　서울시 동작구 노량진로 26길 13-10(본동)
영업부　02-3489-4300
출판부　02-6401-2657
FAX　　02-3489-4309

책 값은 뒤표지에 있습니다.
ISBN 978-89-98300-19-7 03230
편집부에서 독자의 의견을 기다립니다.
jesusbooks@naver.com

욕망에
사로잡힌
사람들

욕망의 펠소나

Persona of desire

김기석 지음

예책
Jesus' books

차
례

들어가는 말 _____ 욕망, 전락의 씨앗 06

01 _____ 살인을 부른 질투 11
02 _____ 뒤를 돌아본 자의 죽음 27
03 _____ 오만한 권력의 몰락 43
04 _____ 왕이 곧 신 59
05 _____ 뒷주머니에 숨긴 돈 75
06 _____ 자기 의라는 질병 91
07 _____ 영생보다 재물 111
08 _____ 동상의 욕망 129
09 _____ 갑의 욕망 145
10 _____ 영의정과 좌의정 161
11 _____ 곳간을 채운 부자 177
12 _____ 권력의 독 193
13 _____ 타인은 지옥 211
14 _____ 하나님께 의지가 꺾인 사람 227
15 _____ 운명에 저항한 사람 245

들어가는 말

욕망, 전락의 씨앗

"화장한 문둥이 얼굴을 들고/미소 짓는 자본주의의 밤에//붉은 등 싱싱한 정육점에 걸려 있는/늙은 창녀의 고깃덩어리/피를 흘린다"(최승호, '赤身' 중에서). 최승호 시인의 이 시구와 처음 만났을 때 정서적 충격이 매우 컸다. 그로테스크한 이미지가 가슴에 새겨지면서 헛구역질 같은 것이 났다. 휘황한 불빛 아래에서 흥청거리는 도시를 바라보며 시인은 퇴락과 부패의 냄새를 맡고 있다. 아름답게 포장했지만 그 속에는 짓물러진 얼굴이 있고, 활기차 보이지만 죽음의 징조가 보이는 세계는 얼마나 처연한가. 돈이 주인 노릇하는 세상을 바라보는 최승호 시인의 시선이 자못 쓸쓸하다. "소비자의 욕망을 언제든지 충족-소비시켜 주는 자동판매기에/바퀴벌레 一家가 산다/매춘부 안에 포주의 식구들이 살듯이/그의 껍질은 윤택하다"('바퀴벌레 一家' 중에서). 도시 문명의 속악성이 너무나 간결하게 표현되어 있다.

하지만 욕망에는 죄가 없다. 욕망이 없다면 문명도 없고 삶도 불가능할 것이다. 욕망은 우리 삶에 활기를 불어넣는다. 욕망은 결핍에 대한 자각에서 비롯된다. 결핍은 채움을 갈구하고, 채움을 위해 사람은 자기 삶을 조절한다. 욕망은 움직임이다. 나른한 정체 상태 속에 갇힌 이들에게는 욕망이 발생하지 않는다. 다만 권태를 견딜 뿐이다.

그러나 욕망에 사로잡힌 영혼은 안식을 누리지 못한다. "욕망은 허기를 먹고 허기는 질투를 먹고 맹목은 맹세를 걸었던 손가락을 먹고"(이상희, '내 뜻이 내 존재에 맞지 않으니 본래의 흙으로 돌려보냄이' 중에서), 악순환 속에 갇히기 때문이다. 욕망에는 쉼이 없다. 이전과는 비할 바 없을 정도로 풍요를 누리며 살면서도 현대인들은 만족을 느끼지 못한다. 밑 빠진 독과 같은 욕망의 포로가 되었기 때문이다. 자본주의는 욕망을 확대 재생산하는 일에 익숙하다. 자본주의 세상이 가장 미워하는 사람은 자족하는 자들이다. 광고는 셀럽들을 등장시켜 소비하지 않는 것이 죄라고 사람들을 설득한다. 부푼 욕망을 채울 능력이 없을 때 사람들은 일쑤 자기 무능을 탓하거나, 누군가를 원망한다. 감사와 경탄의 능력이 줄어들 때 영혼은 납작해진다.

욕망은 필요하지만 과도한 것이 늘 문제다. 적도(適度), 중용(中庸), 시중(時中)의 지혜는 발휘되지 못한다. 욕망은 독점을 지향한다. 타자는 욕망 충족의 걸림돌 혹은 경쟁자가 된다. 욕망에 사로잡힌 이들은 타자의 살 권리에 둔감하다. 그들은 하나님께서 함께 오순도순 살아가라고 보내 주신 이웃을 물화 혹은 타자화한다. 마르틴 부버(Martin Buber)의 말대로 '너'라고 불러야 할 대상을 '그것'으로 만든다. '그것들'의 세계는 외롭다. 외로움을 달래기 위해 더 많은 '것들'을 갈망한다. 갈망은 또 다른 갈망으로 이어지고 세계는 불모의 사막으로 변한다. 우리는 연민의 사막에서 바장이며 살아남기 위해 발버둥치고 있다.

벗어날 길을 찾을 수 있을까? 길이 보이지 않을 때는 잠시 발걸음을 멈추고 한숨 돌리는 게 좋다. 지나온 길도 돌아보고, 또 앞으로 가야 할 길도 가늠해 보아야 한다. 뒤처질지 모른다는 조바심 때문에 내처 달리다간 벼랑 끝에 설 위험이 크다. 정신없이 질주하다 보면 인생은 유장하게 흘러가는 것이 아니라 손샅을 빠져나가는 모래처럼 사라질 것이다. 이제 잠시 멈추어 보자.

신학은 인간학이라는 말이 있다. 신에 대해 제대로 말하기 위해서는 인간에 대한 깊은 이해라는 우회로를 거치지 않으면 안 된다는 말일 것이다. 물론 그 반대도 성립된다. 인간에 대해 깊이 이해하기 위해서는 신에 대해 알지 않으면 안 된다. 성경은 하나님 이야기이기도 하지만 하나님 앞에서 살아간 인간들의 이야기이기도 하다. 불안의 숙명을 안고 살아가는 인간은 불확실한 미래에 대해 공포를 느낀다. 안전을 보장해 줄 수 있는 가시적인 것들을 붙들고 싶어 한다. 누구나 행복을 꿈꾸지만 모두가 행복하지는 않다. 자기 분수를 지키며 사는 이들도 있지만 과도한 욕망에 사로잡혀 생을 탕진하는 이들도 있다. 소리 없이 쌓이는 먼지처럼 전락의 씨앗은 과도한 욕망 속에 조용히 자리 잡는다. 이 책은 그렇게 전락한 성경의 인물들을 통해 우리 삶을 돌아보려는 욕심에서 시작되었다. 무모한 도전이었다. 하지만 누군가에게 생각의 단초를 열어 줄 수 있다면 그것으로 족하다.

루카치(Georg Lukacs)의 말대로 "별이 빛나는 창공을 보고, 갈 수가 있고 또 가야만 하는 길의 지도를 읽을 수 있었던 시대"는 영원히 사라진 것인지도 모르겠다. 그럼에도 불구하고 우리는 '먼 빛의 시선'을 획득해야 한다. 미로와 같은 세상살이에 갇혀 더 큰 세상에 대한 전망을 잃는 것 자체가 타락이 아니던가? 이런 글을 쓰도록 부추기고 또 좋은 책으로 꾸며 준 예책의 장병주 대표에게 감사드린다. 욕망의 진창으로 변한 세상에 살면서도 청정한 삶이 가능함을 온몸으로 보여 주는 고마운 인연들께 머리 숙여 감사의 인사를 올린다.

2019년 10월

살인을 부른 질투

01

형제간의 갈등 이야기

그룹들과 두루 도는 불칼이 지키고 있는 동산을 바라보며 아담과 하와는 암담했을 것이다. 게다가 뿌리 뽑힌 자로 살아가야 할 미래는 불확실했다. 척박한 땅에는 가시덤불과 엉겅퀴가 돋아나고 있었다. 흙으로 돌아갈 때까지 얼굴에 땀을 흘려야 먹을 것을 구할 수 있는 고단한 운명 앞에서 아담은 한숨을 내쉬었을까? 아이가 어느 날 갑자기 가장이 된 것 같은 얼떨떨한 두려움이 있었지만 그래도 둘이어서 좋았다. 자기 그림자가 아닌 누군가가 실체로서 곁에 있다는 것은 그 자체로 큰 위안이다.

둘은 시간 속의 삶에 적응했다. 그리고 은총처럼 찾아온 선물이 있었다. 하와는 "내가 여호와로 말미암아 득남하였다" 하여 아이 이름을 가인이라 했다. 연이어 아벨이 태어났다. 다복한 삶이 시작되었다. 두 아들은 장성하여 저마다의 일을 수행했다. 가인은 농사꾼이 되었고, 아벨은 목동이 되었다. 둘은 각각 자기 노동의 열매를 여호와께 바쳤다. 가인은 땅의 소산을, 아벨은 양의 새끼와 그 기름을 바쳤다. 그런데 뜻밖의 상황이 벌어진다. "여호와께서 아벨과 그의 제물은 받으셨으나 가인과 그의 제물은 받지 아니하신지라"(창 4:4b-5a). 차이가 발생했다. 그 차이가 가인의 감정을 격동시켰다. 가인은 분하여 안색이 변했다. 자신이 왜 여호와께 받아들여지지 않았는지에 대한 성찰보다는 분하다는 감정이 그를 사로잡았다. 누구에 대한 분노였을까? 제물을 거부하신 하나님? 혹은 동생 아벨? 그런데 하나님은 왜 가인의 제물은 받지 않으셨을까? 질문이 꼬리를 물고 이어진다. 하지만 누구도 정답을 말할 수는 없다. 저마다의 관점에서 해석할 뿐이다.

어떤 이들은 가인과 아벨의 갈등을 '형제간의 경쟁'(sibling rivalry)의 관점에서 풀어낸다. 부모의 사랑을 독차지하고 있던 형은 뒤늦게 등장한 동생에게 부모의 사랑이 쏠리는 것을 못 견뎌 하고, 동생은 형을 보고 배우면서도 경쟁의식을 품고 대한다는 것이다. 사실 창세기에 등장하는 거의 모든 형제들은 갈등 관계에 있다. 가인과 아벨, 이스마엘과 이삭, 에서와 야곱, 요셉과 다른 형제들은 원인은 각기 다르지만 협력하며 살기보다는 경쟁하며 살아간다. 물론 성경은 그들이 어떻게 화해에 이르게 되었는지를 보여 줌으로써 갈등하는 두 주체가 평화롭게 공존할 수 있는 방법을 제시한다. 그와는 달리

출애굽기에는 매우 협조적인 두 형제가 등장한다. 모세와 아론이다. 둘은 상호 보완하면서 하나님의 일을 수행하는 멋진 동역자다.

가인과 아벨의 갈등을 농경문화와 유목문화 사이의 충돌로 읽으려는 이들도 있다. 한곳에 터 잡고 살아가는 이들은 늘 떠돌아다니는 유목민들을 불길한 눈으로 바라보았고, 유목민들은 정착 생활에 만족하는 이들을 경멸했는지도 모르겠다. 서로 분리되어 살아갈 때는 상관이 없지만, 삶의 경계가 인접한 경우에는 물과 초지 문제로 다툼이 일어날 수밖에 없었다.

하나님이 가인의 제물을 받지 않으신 까닭을 밝히기 위해서 가인이 바친 제물에 정성이 깃들지 않았다든지, 인색한 마음으로 바쳤다고 말하는 이들이 있다. "가인과 그의 제물은 받지 않으시니라"라는 구절을 근거로 삼아 하나님이 받지 않으신 것은 제물의 문제가 아니라 가인이라는 존재 자체라고 말하는 이들도 있다. 나중에 가인이 동생을 죽인 사건은 그런 가정을 뒷받침하는 증거로 제시되기도 한다.

질투의 파괴성

어떤 이들은 하나님께서 아벨의 제물을 받으신 것은 장남과 차남 사이에 벌어진 사회적 격차를 해소하기 위해 동생의 편을 드신 것이라고 해석하기도 한다. 제법 그럴싸한 해석이지만 이것도 그저 하나의 해석일 뿐이다. '하나님이 왜 가인의 제물은 받지 않으셨나?'에 대한 정직한 대답은 '모른다'이다. 전도서 기자는 하나님께서 사람들에게 영원을 사모하는 마음을 주셨지만 "하시는 일의 시종을 사람으로 측량할 수 없게 하셨도다"(전 3:11b)라고 말한다. 하나님은 자신을 드러내는 분(Deus Revelatus)인 동시에 숨어 계신 분(Deus Absconditus)이다. 어두운 데 계셔서 인간의 이성으로 통합될 수 없는 부분은 어둠으로 남겨 둘 수밖에 없다. 여하튼 일은 벌어졌다.

가인의 가슴에 분노가 파종되었다. 형제로서의 띠앗은 스러지고 적대감만 남았다. 아벨이라는 존재 자체가 그의 가슴에 열패감을 안겨 주었다. 질투 혹은 시기심이 그를 사로잡았다. 성경에서 질투라는 말은 하나님에게 적용될 때는 언약 백성들에 대한 하나님의 사랑의 열정을 드러내기 위해 긍정적으로 사용되지만, 그 외에는 거의 다 부정적 의미로 사용된다. 그도 그럴 것이 질투 혹은 시기는 은밀하든 노골적이든 타자 관계의 어긋남을 보여 주니 말이다. 자신에게 귀착되었으면 하는 칭찬 혹은 보상이 다른 이에게 주어질 때 사람들은 그 칭찬과 보상을 누리는 이들을 시기한다. 신원하 박사는 아리스토텔레스의 《니코마코스 윤리학》을 빌려 이렇게 설명한다.

"누가 정당한 몫 이상의 대우를 받으면 화가 나는데, 아리스토텔레스는 이 감정이 '네메시스' 즉 '의분'이며, 이 감정이 중용을 지키면 덕이지만 지나치거나 모자라면 악이 된다고 말했다. 그 감정이 지나치면 친구가 잘되어 칭찬을 받는 것에 대해서도 분노하게 되는데, 이것이 '프토노스'(phthonos) 즉 시기다. 반대로 그 감정이 모자라면 친구가 대우를 받지 못하거나 낮은 자리로 내려갈 때 은근히 기뻐하게 되는데, 이것은 '에피카이레카키아(epikairekakia) 즉 '심술'과 '고소히 여기는 것'이다."[1]

이렇게 보면 질투 혹은 시기는 저열한 감정이다. 자기가 중심이 되지 못하는 것에 대한 절망감의 다른 표현이기도 하다. 사촌이 땅을 사면 배가 아프다는 속담도 인간 속에 깃든 그런 어두운 그림자를 드러내는 것이다. 질투는 늘 적개심 혹은 분노의 감정과 연결될 때가 많다. 그때 질투는 매우 파괴적인 결과를 낳는다.

셰익스피어의 희곡《오셀로》는 질투가 빚어낸 참극을 보여 준다. 오셀로의 기수인 이아고는 자기가 아닌 카시오가 승진하자 격렬한 감정에 휩싸인다. 카시오에 대한 반감은 물론이고 자신을 신뢰하는 듯하면서도 결국 카시오의 손을 들어 준 오셀로에 대한 반감이 특히 더 심했다. 그래서 오셀로를 함정에 빠뜨리기 위한 공작을 펴기 시작한다. 카시오와 오셀로의 아내인 데스데모나가 마치 내연 관계인 것처럼 보이게 만드는 것이다. 이아고의 꾐에 빠져 술에 취한 카시오가 주정을 부리자, 오셀로는 그의 지위를 박탈하고 만다. 그것을 딱하게 여긴 데스데모나가 카시오의 지위를 회복시키기 위해 남편을 설득하려 한다. 이아고는 쾌재를 부르며 이렇게 말한다.

"오, 지옥의 신이여! 마귀가 검은 죄를 씌울 때 처음에는 지금의 나처럼 천사 같은 모습을 보여 줘. 고지식한 이 바보가 지위를 되찾으려 그녀한테 매달리고 그녀가 남편에게 그를 위해 변호할 때 나는 그녀가 욕정을 채우려고 그를 불러오기 위해 그런다는 독약을 귀에 부어 넣을 거야. 그녀가 카시오에게 좋은 일을 해주려고 애쓰면 애쓸수록 무어인과의 신뢰는 깨지게 마련이지. 그리하여 그녀의 마음을 멍들게 하고 그녀의 선(善)을 그들을 모두 옭아 넣을 그물로 삼을 테야."[2]

이아고는 우연히 손에 넣은 데스데모나의 손수건, 오셀로가 아내에게 사랑의 징표로 주었던 그 손수건을 카시오의 집에 떨어뜨린다. 카시오의 손에 들린 손수건을 본 오셀로는 둘의 관계를 의심하고 결국 아내를 죽이고 만다. 질투심이 분노를 거쳐 살인에 이르게 되는 과정을 이 희곡은 잘 보여 준다. 이아고의 아내 에밀리아는 질투에 대해 이렇게 말한다. "이유가 있어서 질투하는 게 아니고 질투하기 때문에 질투하는 거예요. 스스로 잉태하고 태어나는 괴물이지요."[3] 그 괴물이 천사 같은 데스데모나를 죽음에 이르게 했다.

변형된 보복

가인 역시 격렬한 질투의 감정에 사로잡혔다. 자기에게 귀속되어야 할 여호와의 사랑이 동생에게 돌아갔다는 사실을 용납할 수 없었다. 하지만 하나님의 처사에 대해 항의할 수도 없고, 또 보복할 수도 없었다. 그때 가인은 미움의 표적을 동생으로 바꾼다. 자기 마음속에 켜켜이 쌓인 폭력의 충동을 해소할 대상으로 동생을 선택한다는 것, 이보다 더 큰 비극이 또 있을까? 그는 여호와의 사랑을 받는 자를 제거함으로써 하나님에게 고통을 가하려는 것이다.

이창동 감독의 영화 〈밀양〉의 원작 소설 제목은 '벌레 이야기'다. 늦둥이로 태어난 아들 알암이를 애지중지 키우던 아내는 어느 날 청천벽력 같은 소식을 듣는다. 알암이가 유괴되어 살해된 것이다. 아내는 미칠 것 같았다. 세상의 모든 터전이 흔들렸다. 아내는 약국집 김 집사의 집요한 설득에 넘어가 교회를 다니기 시작했다. 흔들리는 마음을 붙들어 줄 닻이 필요했기 때문이다. 어느 날 아내는 다소 위험한 발상을 한다. 감옥에 갇힌 범인을 찾아가 그를 용서한다고 말하겠다는 것이다. 주위에서는 말렸지만 그 고집을 꺾을 수 없었다. 그러나 감옥에 다녀온 아내는 더 깊은 절망감에 사로잡힌다. 범인은 이미 감옥에서 전도를 받아 평안을 누리고 있었던 것이다. 범인이 오히려 아내를 위로했다. 이 뒤집힌 현실을 아내는 도저히 받아들일 수가 없다. 아내는 절규한다.

"살인자가 그 아이의 어미 앞에서 어떻게 그토록 침착하고 평화로운 얼굴을 할 수 있느냐 말이에요. 살인자가 어떻게 성인 같은 모습으로 변할 수가 있느냐 그 말이에요. 절대로 그럴 수는 없는 일이에요. 그럴 수가 없기 때문에 전 그를 용서할 수가 없었던 거예요."[4]

이미 용서받았기에 용서할 수도 없었다는 사실은 아주 잔인하게 아내의 가슴을 할퀴었다. 아내는 김 집사에게 이렇게 절규한다.

"그래요. 내가 그 사람을 용서할 수 없었던 것은 그것이 싫어서보다는 이미 내가 그러고 싶어도 그럴 수가 없게 된 때문이었어요. 집사님 말씀대로 그 사람은 이미 용서를 받고 있었어요. 나는 새삼스레 그를 용서할 수도 없었고, 그럴 필요도 없었지요. 하지만 나보다 누가 먼저 용서합니까. 내가 그를 아직 용서하지 않았는데 어느 누가 나보다 먼저 그를 용서하느냔 말이에요. 그의 죄가 나밖에 누구에게서 먼저 용서될 수가 있어요? 그럴 권리는 주님에게도 있을 수 없어요. 그런데 주님은 내게서 그걸 빼앗아 가 버리신 거예요. 나는 주님에게 그를 용서할 기회마저 빼앗기고만 거란 말이에요. 내가 어떻게 다시 그를 용서합니까."[5]

이 문단은 용서에 대한 무거운 논쟁 가운데로 우리를 이끌어 간다. 작가는 인간 세계에서 벌어진 일들을 사람끼리 풀기도 전에 신 앞에 가져가는 것이 온당한가를 묻고 있다. "내가 그를 아직 용서하지 않았는데 어느 누가 나보다 먼저 그를 용서하느냔 말이에요." '어느 누가' 속에는 신도 포함된다. 결국 아내는 절망감을 떨치지 못한 채 자살로 생을 마감하고 만다. 자살은 '자기 살해'이지만, 이 경우에는 불경스럽게도 신에 대한 변형된 보복이라 할 수 있다. 용서의 표적을 빼앗아 간 신에 대한 보복으로서의 자기 제거, 문학은 이렇게 섬뜩하다.

여호와에 대한 보복을 감행할 수 없었던 가인은 하나님으로부터 사랑받는 자 아벨을 제거함으로써 신에게 보복하려 한다. 가인의 안색이 변한 것을 알아차린 여호와는 가인에게 엄중하게 경고한다. "네가 선을 행하면 어찌 낯을 들지 못하겠느냐 선을 행하지 아니하면 죄가 문에 엎드려 있느니라 죄가 너를 원하나 너는 죄를 다스릴지니라"(창 4:7). 경고를 들을 수 있는 귀가 있는 사람은 행복하다. 하지만 질투 혹은 시기는 들을 귀를 닫아 버린다. 이성적 사고는 마비되고, 시민적 상식은 작동되지 않는다. 그래서 이스라엘의 지혜자들은 시기심의 위험을 이렇게 경고했다.

"평온한 마음은 육신의 생명이나 시기는 뼈를 썩게 하느니라"(잠 14:30).
"분은 잔인하고 노는 창수 같거니와 투기 앞에야 누가 서리요"(잠 27:4).

피로 더럽혀진 땅

질투 혹은 시기심에 사로잡힌 영혼은 마지막을 향해 치닫는다. 그 길이 파멸의 길일지라도 멈추지 못한다. 결국 가인은 동생 아벨을 들로 유인하여 돌로 쳐 죽이고 만다. 이것은 라스콜리니코프적 살인이 아니다. 도스토예프스키의 작중 인물인 라스콜리니코프는 비범한 인간에게는 자기 이상을 실현하는 데 방해가 되는 것들을 제거할 권리가 있다고 믿는다. 그래서 고리대금업자인 노파를 도끼로 살해하고 만다. 하지만 그 사건은 그를 자유하게 하기는커녕 더욱 부자유의 속박 속으로 몰아넣는다. 노파로부터 가져온 돈은 자기도 찾을 수 없는 곳에 숨기고, 쫓는 사람이 없어도 도망친다. 그는 더 이상 사소한 윤리에 얽매이지 않는 자유인이 아니라, 자기 무게에 짓눌린 죄인으로 소냐 앞에 엎드린다.

가인은 "네 동생이 어디 있느냐"라는 여호와의 질문 앞에 세워진다. 그는 퉁명스럽게 "내가 동생을 지키는 자냐"고 되묻는다. 그때 여호와는 아벨의 피가 땅에서 부르짖고 있다고 말씀하신다. 무고한 사람의 피가 흐른 땅은 더럽혀진 땅이다. 히브리 전통에서 피는 곧 생명이고, 생명은 하나님께 귀속된다. 다른 이의 피를 흘리게 만드는 것은 하나님의 것에 손을 대는 것이나 마찬가지다. 인간이 사는 땅은 곧 하나님이 머무시는 곳이기도 하다. 인간의 피가 흘러 더럽혀진 땅은 불모의 공간으로 변한다. 하나님은 가인에게 말씀하신다. "네가 밭을 갈아도 땅이 다시는 그 효력을 네게 주지 아니할 것이요 너는 땅에서 피하며 유리하는 자가 되리라"(창 4:12).

이마에 표를 받은 가인은 에덴의 동쪽으로 이주하여 놋(Nod) 땅에 정착한다. 놋은 '유리하다', '방황하다'란 뜻이다. 형제에게 등을 돌리고 여호와께 등을 돌린 인간의 삶이 불안임을 그렇게 표현한 것이다.

지금 이 땅에도 얼마나 많은 피가 허비되고 있나 돌아볼 일이다. 생산성 제고와 비용 절감이라는 명목하에 위험을 외주화하는 기업들의 행태로 인해 불귀의 객이 되는 노동자들이 얼마나 많은가? 죽어도 괜찮은 존재는 어디에도 없다. 인신제물을 요구했던 몰록이 오늘 이 땅에서 되살아나 수많은 생명을 삼키고 있다. 광장에서 부르짖는 이들의 소리와 굴뚝 위에서 부르짖는 이들의 소리, 그리고 눈에 띄지 않는 노동 현장에서 죽음의 벼랑 앞에 내몰린 이들의 소리를 듣지 않는다면, 우리가 사는 땅은 온통 무고한 우리 이웃들의 피의 외침으로 가득 찰지도 모른다.

난민들의 처지도 다르지 않다. 그들은 어디에서도 환영받지 못한다. 자기 땅에서 유배당한 그들은 현대판 천민이 되어 세상을 떠돈다. 그들의 문화·전통·종교는 존중받지 못한다. 오히려 언제든 사회 불안을 일으킬 수도 있는 잠재적 범죄자 취급을 받는다.

팔레스타인 사람들의 처지도 딱하기 이를 데 없다. 죽음이 일상이 되었기에 가까운 벗들이 "그래, 또 봐!" 하고 헤어져 놓고는 과연 그럴 수 있을지 확신하지 못하는 악몽" 속에서 살아간다.

"단언하건대 그런 환경에서 살다 보면 개인적 습관이나 생각뿐 아니라 사회 언어적 행동 양식까지도 바뀐다. 잘 지냈느냐는 인사 대신에 '아직 살아 있었구나!'라고 말하게 되는 것이다."[6] 이런 비극적인 현실 속에서 살아가는 이들은 모두 아벨의 운명을 겪고 있다 할 수 있을 것이다.

예수는 어느 포도원 주인의 이야기를 들려준다. 포도 수확철이 되어 주인은 일꾼들을 찾기 위해 거리에 나가 하루 품삯으로 한 데나리온을 약속하고 사람들을 포도원에 데려간다. 오전 9시부터 시작하여 심지어는 오후 5시에 일터에 불려 온 이들도 있다. 해가 뉘엿뉘엿 기울고 마침내 품삯을 지불해야 할 시간이 되었다. 주인은 일을 돕는 이들에게 맨 마지막에 온 사람부터 품삯을 지불하라고 지시한다. 늦게 온 사람들도 한 데나리온을 받았다. 그들은 주인의 자애로운 처사에 놀랐다. 그러나 이른 아침부터 포도원에 들어왔던 이들은 주인의 처사를 납득할 수가 없었다. 뙤약볕 밑에서 소금 땀을 흘리며 일한 자신들을 겨우 한 시간 일한 사람들과 똑같이 취급한다는 사실을 받아들일 수가 없는 것이다. 부당한 대접을 받았다는 생각이 그들을 사로잡고 놓아 주지 않았다. 주인은 물론이고 뒤늦게 온 사람들에 대한 원망과 미움이 싹텄다. 마침내 그들은 주인의 처사가 정의의 원리에 어긋난다고 항변한다. 하지만 주인은 단호하다.

"주인이 그중의 한 사람에게 대답하여 이르되 친구여 내가 네게 잘못한 것이 없노라 네가 나와 한 데나리온의 약속을 하지 아니하였느냐 네 것이나 가지고 가라 나중 온 이 사람에게 너와 같이 주는 것이 내 뜻이니라"(마 20:13-14).

어김없는 사실이었다. 그러니 더 보탤 말은 없었다. 하지만 억울하다는 생각은 가시지 않는다. 어쩌면 이것이 인간적인 반응인지도 모르겠다.

렘브란트: 포도원 일꾼의 비유
Rembrandt(1606-1669): The Parable of the Laborers in the Vineyard, 1637

렘브란트(Rembrandt van Rijn)는 이 이야기를 소재로 그림 한 점을 남겼다. 창가에 탁자가 놓여 있고 주인은 그 옆에 앉아 있다. 창문을 통해 들어오는 환한 빛이 그의 모습을 비추고 있다. 모자를 쓰고 붉은색 옷을 입은 주인은 벽을 등지고 앉아 있다. 그는 일꾼에게 품삯을 지급하고 있다. 그의 오른손은 가슴에 놓여 있다. 마치 '이게 바로 내 뜻'이라고 말하는 듯하다. 그러나 품삯을 받고 있는 이의 모습은 행복해 보이지 않는다. 더 많은 것을 기대했으나 그 기대가 좌절되었기 때문일 것이다. 그는 찌푸린 얼굴로 주인을 바라본다. 불량하게 내민 팔과 구부정한 자세가 그의 마음의 풍경을 보여 주는 듯하다. 그러나 화면의 오른쪽에는 두런두런 이야기를 나누고 있는 이들이 보인다. 투덜거리고 있는 것인지, 뜻밖의 대접에 감사하는 것인지 알 수 없다. 그런데 그들 뒤에는 거의 상체를 벗다시피 한 사람 하나가 포도주 통을 굴리고 있다. 그는 가장 가련한 처지에 있다가 주인의 호의를 입은 사람임이 분명하다. 그는 주인의 고마운 마음 씀에 보답할 길을 찾다가 포도주 통을 정리하고 있는 것처럼 보인다.

예수는 포도원 일꾼의 비유를 통해 절박한 처지에 몰린 동료들에게 베풀어진 호의를 흔쾌히 받아들이지 못하는 편협한 마음을 폭로하신다. 우리 사회에서 가장 소외된 이들에게 복지의 혜택이 돌아가는 것을 못마땅하게 여기는 이들이 있다. 맘몬이 지배하는 세상에 사는 동안 우리 마음이 많이 강퍅해졌다. 산술적인 공평함이 아니라 생명 중심의 사고를 하는 능력이 퇴화된 것이다. 무정한 마음들이 이루는 세상은 지옥일 수밖에 없다. 고통받는 이웃들에게 주어진 호의를 사심 없이 함께 기꺼워하고 경축할 줄 아는 마음이 바로 천국의 마음일 것이다.

요구받음의 경험

질투 혹은 시기심의 악덕은 치유될 수 없는가? 그렇지 않다. 그 악덕으로부터 벗어나기 위해서는 우리가 한낱 피조물에 불과하다는 사실을 깊이 인식해야 한다. 나의 '있음'의 근거가 내게 있지 않다는 사실을 놀람으로 자각할 때 나의 외부에 있는 존재는 신비로 다가온다. 초월과의 연결점을 잃어버릴 때 삶은 누추해지고 무거워진다. 자기 삶의 무게에 짓눌려 비틀거리는 이들은 다른 이들을 향해 마음을 열지 못한다. 그리고 일쑤 시기심의 노예로 전락한다. 아브라함 헤셸(Abraham Heschel)은 말한다.

"끝없는 놀람은 우리가 태어나면서부터 빚진 자라는 느낌을 새삼스럽게 한다. 외경하는 자는 결코 자만심을 가질 수가 없다. 외경 속에서 우리는 우리가 지닌 모든 것이 은혜로 받은 것임을 알 따름이다. 세계는 사물들이 아니라 사명(使命)들로 구성되어 있다. 우리 자신이 무엇엔가에 요구되고 있는 상태야말로 놀라운 것이다. 표현 불가능한 것은 우리에게 던져진 질문이다."[7]

"네 아우 아벨이 어디 있느냐." 여호와의 이 질문 속에는 인간은 '아우'로 상징되는 사회적 약자들에 대해 책임을 느낄 때 참사람이 된다는 뜻이 내포되어 있다. 지금 우리 앞에 현전하여 있는 이들을 하나님이 보내 주신 존재로 대할 때 우리 속에 있는 시기심의 악덕은 스러진다. "즐거워하는 자들과 함께 즐거워하고 우는 자들과 함께 울라"(롬 12:15). 누군가를 위해 흘리는 우리의 눈물은 우리 영혼에 더께처럼 앉아 있는 질투 혹은 시기심을 닦아 낸다.

주

1. 신원하,《죽음에 이르는 7가지 죄》, IVP(2012년), p.65
2. 윌리엄 셰익스피어,《셰익스피어 전집》, 이상섭 옮김, 문학과지성사(2016년), pp.561-562
3. 윌리엄 셰익스피어, 앞의 책, p.572
4. 이청준,《벌레 이야기》, 심지(1989년), p.38
5. 이청준, 앞의 책, pp.38-39
6. 신경림, 오수연 외,《팔레스타인과 한국의 대화》, 팔레스타인을 잇는 다리 옮김, 열린길(2008), p.22
7. 아브라함 J. 헤셸,《사람은 혼자가 아니다》, 이현주 옮김, 종로서적(1996년), p.62

뒤를 돌아본 자의 죽음

02

도시의 유혹

모든 일은 가족들을 다 데리고 애굽에 내려갔던 아브라함이 유대 땅으로 돌아오면서 시작되었다. 그들은 네게브 광야에 잠시 정착했지만, 더 넓은 목초지를 찾아 벧엘과 아이 사이로 장막을 옮겨야 했다. 유목민으로 살아간다는 것은 홀가분하지만 고단한 일이다. 목초지를 확보하는 동시에 샘을 얻어야 했기 때문이다. 가축을 돌보던 아브라함의 종들과 조카 롯의 종들 사이에서 다툼이 일어났다. 모든 것이 풍부했다면 다툼도 일어나지 않았을 것이다. 하지만 한정된 자원을 나눠야 하니 갈등이 일어나는 것은 어쩌면 당연한 일인지도 모르겠다. 가뭄이 들면 정답던 이웃끼리 낫을 들기도 하지 않던가.

인문 지리학자들은 1인당 밀 소비량과 단위 면적당 수확량을 계산해서 $1km^2$의 경작지에서 부양할 수 있는 인구수를 계산한다고 한다. 식량을 자급할 수 없을 때 농부들은 다른 땅으로 이주하거나 다른 부족을 약탈함으로써 부족분을 채우려 했다[1]. 고대 세계의 전쟁은 살아남기 위한 투쟁이었던 것이다. 유목민들의 경우도 마찬가지였다. 아브라함의 종들과 롯의 종들의 갈등은 자칫하면 친족 간의 싸움으로 번질 수도 있었다. 아브라함은 같은 공간을 점유하고 불화하며 사는 것보다는, 서로 떨어져 지내자고 롯에게 말한다. 롯도 동의한다. 어린 시절부터 성년에 이르기까지 삼촌의 그늘에서 보호받으며 살던 그도 이제 독립할 때가 되었다고 느낀다. 아브라함은 기꺼이 선택권을 롯에게 넘긴다. 불화의 여지를 없앤 것이다.

"네 앞에 온 땅이 있지 아니하냐 나를 떠나가라 네가 좌하면 나는 우하고 네가 우하면 나는 좌하리라 이에 롯이 눈을 들어 요단 지역을 바라본즉 소알까지 온 땅에 물이 넉넉하니 여호와께서 소돔과 고모라를 멸하시기 전이었으므로 여호와의 동산 같고 애굽 땅과 같았더라 그러므로 롯이 요단 온 지역을 택하고 동으로 옮기니 그들이 서로 떠난지라"(창 13:9-11).

롯이 망설임 없이 물이 넉넉한 땅, 여호와의 동산 같고 애굽 땅과 같은 요단 지역을 택한다. 척박한 환경에 적응하며 살기보다는 안락한 환경에 동화되고 싶었기 때문이리라. 그는 이주를 거듭하며 소돔에까지 이른다. 그리고 그 성에 정착한다. 부족 간의 전쟁이 잦았던 그 시절에 '성안' 주민이 된다는 것은 오늘날 경비원이 딸린 게이

티드 하우스(gated house)에 사는 것에 비견될 수 있을 것이다. 성곽이 있는 도시라면 더욱 그러할 것이다.

도시는 또한 주민들에게 다양한 가능성을 열어 준다. 다양한 활동과 유의미한 교류가 일어나고 계층 상승의 기회 또한 주어진다. 롯은 그런 도시 생활에 잘 적응했다. 천사가 그 도시를 찾아왔을 때 그는 성문 앞에 앉아 있었다. 성문 앞에 앉았다는 말은 그가 우연히 그 자리에 있었다기보다는, 그가 도시의 갈등을 중재하는 재판관의 역할을 하고 있었음을 암시한다. 그는 나름대로 꿈을 이루었다. 그러나 도시의 주민이 된다는 것이 행복한 일인 것만은 아니다. 인구 밀도는 높았고, 위생 시설 또한 턱없이 부족하여 전염병이라도 돌면 생명을 유지하기가 어려웠다. 게다가 도시는 타자에 대한 존중이나 배려보다는 각자도생의 살벌한 경쟁이 지배하는 곳이었다. 겉보기에는 풍요롭지만 실상은 가난한 도시, 바로 그것이 소돔이었다. 에스겔은 소돔의 죄를 이렇게 적시한다.

"네 아우 소돔의 죄악은 이러하니 그와 그의 딸들에게 교만함과 음식물의 풍족함과 태평함이 있음이며 또 그가 가난하고 궁핍한 자를 도와주지 아니하며 거만하여 가증한 일을 내 앞에서 행하였음이라"(겔 16:49-50a).

물질은 풍족했지만 타자에 대한 배려, 특히 궁핍한 이들에 대한 연민은 없는 도시였다는 말이다. '태평함'은 평화가 아니라 나태를 가리키는 말이다. 마땅히 해야 할 일을 하지 않았다는 말이다. '거만함'과 '가증함'이 하나님의 눈에 비친 소돔이었다. 이사야 또한 소돔을 반면교사로 삼자면서 다음과 같이 말한다.

"예루살렘이 멸망하였고 유다가 엎드러졌음은 그들의 언어와 행위가 여호와를 거역하여 그의 영광의 눈을 범하였음이라 그들의 안색이 불리하게 증거하며 그들의 죄를 말해 주고 숨기지 못함이 소돔과 같으니 그들의 영혼에 화가 있을진저 그들이 재앙을 자취하였도다"(사 3:8-9).

하나님에 의해 살아가는 사람

거침없이 발화되는 폭력적이거나 간사한 언어, 안하무인의 방자한 태도, 교만하게 쳐들린 그들의 얼굴이 마치 소돔을 연상케 한다는 말이다. 우리 사회 도처에서 벌어지고 있는 가진 자들의 갑질은 우리 문화의 천박성과 무신성(無神性)을 방증한다. 소돔은 멀리 있지 않다. 돈 없는 이들에게 모욕을 가하고, 굴종을 강요함으로 그들의 존엄을 박탈하는 행위는 하나님 보시기에 가증한 것이다. 돈과 권력을 과신하는 이들은 삶의 의미 물음을 하지 않는다. 의미 물음은 자기 삶에 대한 성찰과 더불어 발생한다. 하지만 즉물적인 행복에 취해 있는 이들은 성찰을 거부한다. 성찰은 행복의 꿈을 깨울 수도 있기 때문이다. 그런데 그들은 정말 사람이 어떻게 살아야 하는지 모르는 것일까?

톨스토이의 《안나 카레니나》에 나오는 레빈은 매우 흥미로운 인물이다. 그는 부유한 지주이지만 삶의 의미 물음 앞에서 번번이 좌절을 경험한다. "나는 도대체 무엇인가, 무엇 때문에 이 세상에 온 것인가, 그것을 모르고 살아간다는 건 불가능하다. 그런데 나는 알 수가 없다. 따라서 살아갈 수도 없다."[2] 그는 다른 지주들과 달리 소작인들과 벽을 허물고 소통하고 싶어 한다.

어느 날 타작마당에서 타작꾼 표도르와 이야기를 나눈다. 사람 좋은 농부인 플라톤이 토지를 빌리지 않을까 묻자 표도르는 비싼 소작료 때문에 벅찰 거라고 답한다. 집지기인 키릴로프는 잘하고 있지 않냐고 되묻자 그는 어떻게 해서라도, 무슨 일이 있어도 자기 몫만은 챙기는 사람이라면서, 그에 비해 플라톤은 결코 다른 사람의 가죽을 벗기는 일을 할 수 없을 거라고 말한다. 레빈이 다시금 플라톤이 왜 그렇게 선하게 사는 거냐고 묻자 표도르는 "그분은 자신의 영혼을 위해서 살고 있습니다. 하나님을 기억하고 있습니다"라고 대답한다. 뜻밖의 대답에 놀란 레빈이 다시 묻는다. "어떻게 하길래 하나님을 기억하고 있다는 거야? 어떻게 하면 영혼을 위해서 사는 거야?" 표도르는 심드렁하게 대답한다. "뻔하잖아요. 진리에 의해서, 하나님에 의해서 살아가는 것뿐예요. 사람은 각양각색이니까요. 이를테면 나리만 하더라도 사람을 모욕하는 짓은 하지 않으시니까 말예요…."[3]

플라톤이 자신의 영혼을 위해, 진리를 따라, 하나님의 뜻에 따라 살고 있다는 말이 레빈의 마음에 전율을 일으킨다. 사람들이 선하게 살지 않는 것은 인생의 의미를 모르기 때문이 아니다. 다만 그렇게 살고 싶지 않을 뿐이다.

풍요로움을 자랑하던 소돔은 하나님이 세우신 사회의 토대인 정의와 공의의 기둥이 무너진 곳이었고, 향락을 즐기는 이들이 내는 질펀한 소리 저편에서 가난하고 곤고한 이들의 신음소리가 안개처럼 피어나는 곳이었다. 물론 가난한 이들이라고 하여 모두 선하지는 않다. 을의 욕망은 갑이 되는 것이라지 않던가.

소돔은 하늘과의 접속을 잃어버린 도시였다. 소돔에서 들려오는 소리와 현실이 일치하는지를 살피고 심판 여부를 결정하기 위해 길을 가던 천사들은 아브라함의 정성스런 대접을 받고는 자기들이 하려는 일을 아브라함에게 밝힌다. 천사들이 길을 떠난 후 아브라함은 여호와 앞에 서서 말한다. "주께서 의인을 악인과 함께 멸하려 하시나이까"(창 18:23). 하나님의 정의에 대한 물음이다. 아브라함은 하나님의 뜻과 계획을 무조건적으로 수용하기보다는 이의를 제기한다. 불경하게 보일 수도 있다. 하지만 그는 자기를 지키기보다는 동료 인간들을 지키고 싶어 한다. 그는 타자에 대한 책임을 방기하지 않는다.

환대의 모험

천사가 방문했을 때 롯은 이미 소돔 성에 동화되어 살고 있었다. 스스로 높은 공적인 지위에 올랐고, 딸들을 그 지역민의 아들들과 맺어 줬다. 성경은 그가 그런 위치에 이르기까지 어떤 노력을 했는지, 어떤 어려움이 있었는지 아무런 정보도 주지 않는다. 그는 이제 자신이 소돔 성 주민이라는 사실을 조금도 의심하지 않는다. 아들러(Alfred Adler)가 말하는 안전에의 욕구와 더불어 소속의 욕구가 해결된 것이다. 살기 위해 세상을 떠돌던 그가 주류 사회에 확고하게 자리를 잡았다. 축하해 주고 싶은 생각이 들기도 한다.

성문 앞에 앉아 있던 그는 낯선 나그네들을 자기 집으로 맞아들인다. 일찍이 나그네살이의 괴로움을 맛볼 만큼 맛보았기에 그는 차마 그들을 외면할 수 없었던 것이다. 아브라함이 그랬듯이 롯 또한 환대의 사람이었다. 적대감이 넘치는 세상에서 환대를 실천한다는 것은 용기가 필요한 일이다. 인류학자인 김현경은 환대를 이렇게 정의한다.

"환대란 타자에게 자리를 주는 것 또는 그의 자리를 인정하는 것, 그가 편안하게 '사람'을 연기할 수 있도록 돕는 것, 그리하여 그를 다시 한 번 '사람'으로 만들어 주는 것이다. 사람이 된다는 것은 사회 안에 자리를 갖는다는 것 외에 다른 게 아니기 때문이다."[4]

하나님은 그 백성에게 젖과 꿀이 흐르는 땅을 약속하시면서 그 땅에 들어가서 지켜야 할 것들을 일러주신다. 그 가운데서도 나그네를

푸대접하지 말라는 구절이 등장한다. "너는 이방 나그네를 압제하지 말라 너희가 애굽 땅에서 나그네 되었었은즉 나그네의 사정을 아느니라"(출 23:9). 신명기는 '압제하지 말라'는 소극적 요구를 넘어 "나그네를 사랑하라"(신 10:19)고 말한다. 나그네 사랑은 하나님의 깊은 관심사다. 지금 이 나라에 들어와 있는 이주 노동자들과 난민들은 어떤 처지에 있는가? 많은 기독교인들이 그들을 적대적인 시선으로 바라보고, 위협을 가하기도 하는 것이 현실이다. 그것도 하나님의 이름으로, 신앙의 이름으로 말이다. 놀라운 일이다. 그들이 자기 존엄을 지키며 사람을 연기할 수 있도록 만들어 주지 않는 동시에 하나님을 믿는 일이 과연 양립 가능한 일일까?

사실 낯선 이들을 맞아들인다는 것은 모험일 수 있다. 롯도 그랬다. 롯의 집에 낯선 이들이 들어왔다는 소식을 들은 소돔 성 사람들이 노소를 막론하고 원근에서 다 모여들어 그의 집을 에워쌌다. 그리고 그들을 끌어내라고 요구했다. 롯은 문밖으로 나가 그들을 설득하려 한다. "청하노니 내 형제들아 이런 악을 행하지 말라." '형제'라는 친숙한 언어를 사용한다. 좀처럼 물러서지 않는 그들에게 아직 남자를 가까이하지 않은 두 딸을 대신 내주겠다고 제안한다. 정말 그럴 생각이 있었는지 아니면 그만큼 절실함을 드러내기 위한 것인지는 알 수 없다.

하지만 주민들이 보인 반응은 롯에게 깊은 충격을 주었을 것이다. "너는 물러나라 또 이르되 이 자가 들어와서 거류하면서 우리의 법관이 되려 하는도다"(창 19:9). 롯은 스스로 그 성 사람들의 문화와 습속에 동화되었다고 여기며 살아왔다. 그러나 주민들의 말은 그가 여전히 '나그네'라는 사실을 아프게 자각시켰다. 주류 세계에 속했다는 안도감과 그를 든든히 지탱해 주던 소속감이 속절없이 무너졌다. 그는 상황이 바뀌면 언제든 내침을 당할 수 있는 존재, 호모 사케르(Homo Sacer)[5]였다.

버리고 떠나라

주민들은 문을 부수려고 했다. 폭력의 열정이 그들을 들뜨게 만들었다. 그때 천사들이 롯을 집 안으로 끌어들인 후 바깥에 있는 무리들의 눈을 어둡게 만든다. 그들은 손으로 더듬거리며 길을 찾는다. 그 혼란의 와중에 천사들은 롯에게 소돔에 임박한 심판을 예고하면서 그에게 속한 이들을 데리고 빨리 소돔을 떠나라고 재촉한다.

 하지만 천사들의 긴박한 경고에도 불구하고 롯은 주저한다. 죽을 힘을 다하여 성취한 모든 것을 버려두고 떠난다는 것, 모처럼 누리던 소속감에서 자발적으로 물러난다는 것은 쉬운 일이 아니다. 롯은 사위들에게 천사의 경고를 전하고 함께 떠나자고 말하지만 그들은 롯의 말을 농담으로 받아들인다. 롯이 누리던 사회적 존경이 위기 앞에서 해체되고 만 것이다. 천사들은 지체하는 롯과 그의 아내와 딸들의 손을 잡아끌면서 그들을 성 밖으로 인도한 후에 엄히 명령한다. "도망하여 생명을 보존하라 돌아보거나 들에 머물지 말고 산으로 도망하여 멸망함을 면하라"(창 19:17).

예수도 인자가 오실 날을 예고하면서 그날은 일상의 안락함 속에 머물 수 없는 날이라고 말하셨다. "그날에 만일 사람이 지붕 위에 있고 그의 세간이 그 집 안에 있으면 그것을 가지러 내려가지 말 것이요 밭에 있는 자도 그와 같이 뒤로 돌이키지 말 것이니라"(눅 17:31). 신앙은 결단이다. 버려야 할 것을 버리고 붙잡아야 할 것을 확고히 붙잡아야 한다.

부유한 상인의 아들이던 프란체스코(Francesco d'Assisi)는 무너져 가는 교회를 다시 세우라는 환상에 응답하여 자기가 가진 모든 것을 바쳐 교회를 재건한다. 아들의 그런 행태가 못마땅했던 아버지 피에트로는 그를 시의 집정관 앞에 데려간다. 아들이 더 이상 재산권을 행사하지 못하도록 하기 위해서였다. 프란체스코는 자기가 가지고 있던 재물은 물론이고 입고 있던 옷까지 벗어 아버지에게 넘겨준다. 상속권의 포기를 상징하는 행위였지만 그는 벌거벗음을 통해 하나님이 입혀 주시는 새로운 옷을 입게 되었다. 신앙이란 이처럼 버리고 떠나는 것이다.[6] '이것도, 저것도'(both and)가 아니라, '이것이냐 저것이냐'(either or)의 문제라는 말이다.

천사는 마음이 급하지만 롯은 여전히 주저한다. 그리고 산보다는 가깝고 작은 성읍으로 피신하게 해달라고 청한다. 소속된 사람들과 장소로부터 멀어지기 싫었기 때문이다. 천사는 그런 청까지도 들어준다. 그래서 롯은 소알로 피신한다. 그때 유황과 불이 비같이 내렸고, 성과 온 들과 성에 거주하는 모든 백성과 땅에 난 것이 다 파괴되었다. 노아 시대에 있었던 홍수 심판의 변형이다.

성서의 이야기꾼은 이 사건을 기록한 후에 마치 사족처럼 한마디를 덧붙인다. "롯의 아내는 뒤를 돌아보았으므로 소금 기둥이 되었더라"(창 19:26). 너무나 간결한 진술이다. 구구한 설명이 없다. 그렇기에 사람들의 상상력을 자극한다. 소금 기둥으로 변한 사람이라니! 사해 근처를 둘러본 이들은 기기묘묘한 모양의 소금 기둥들에 눈길을 준다. 그리고 가시적인 그 기둥에 이야기를 부여한다. 섬 지역 사람들은 기묘한 형태의 바위마다 이름을 붙여 주거나 그 이름에 얽힌 이야기를 나누곤 한다. 우리 산하에 무심히 피어나는 꽃들, 특히 사람들의 눈길을 끌지 않는 야생화도 저마다의 사연과 더불어 기억되지 않던가. 신화, 민담, 전설 등의 설화 문학은 정사에 기록되지 못한 민중들의 절절한 삶의 이야기가 반영된 경우가 대부분이다. 공동체가 구술해 주는 그런 이야기들은 민중적 에토스를 형성하는 거름이 된다.

여하튼 롯의 아내는 왜 뒤를 돌아보았을까? 사람들은 아주 쉽게 롯의 아내의 불신앙 혹은 불순종을 거론한다. 소금 기둥으로의 변화는 옛 삶에 대한 미련을 떨쳐버리지 못하고 말씀을 가볍게 여긴 결과라는 것이다. 이름조차 알려지지 않은 롯의 아내는 그렇게 하여 애도조차 받지 못한 채 사람들의 기억 속에 어리석은 사람으로 각인되었다. 외경인 지혜서도 롯의 아내를 반면교사로 삼아야 한다고 말한다. "그들이 저지른 악의 증거가 아직도 남아 있으니 줄곧 연기가 피어오르는 황무지, 때가 되어도 익지 않는 열매를 매단 나무들, 믿지 않는 영혼의 기념비로 서 있는 소금 기둥이다"(지혜 10:7).

금기 앞에서

종교학적으로 본다면 롯의 아내는 '금기'를 범한 사람이다. 뒤를 돌아보았다는 것은 성과 속의, 신적인 세계와 인간 세계의 경계를 침범했다는 말이다. 하나님의 창조와 심판은 인간에게 가려져 있다. 하와를 창조하실 때 하나님은 아담을 깊이 잠들게 하셨다. 하나님의 얼굴을 본 사람은 죽을 수밖에 없다는 말도 같은 사실을 가리킨다. 인간은 그 경계를 지킬 때 안전하다. 아론의 두 아들 나답과 아비후는 여호와께서 허락하지 않은 불을 화로에 담았다가 죽임을 당했고(레 10:1-2), 나곤의 타작마당에서 소가 날뛰면서 법궤가 떨어지려 하자 거기에 손을 댔던 웃사 또한 죽임을 당했다(삼하 6:6-7).

금기는 지켜져야 한다. 신성하다고 여겨지거나 부정하다고 여겨지는 것에 접촉하지 말아야 한다는 말이다. 그러나 사람들은 사회적으로 금지된 것을 무의식적으로 갈망하는 경향이 있다. 금기를 범함으로 사람들은 차이를 소멸시킨다. 그 결과는 죽음이다. 그리스 신화에서 저승에까지 내려가 아내 에우리디케를 구해 오던 오르페우스는 마지막 순간 뒤를 돌아보지 말라는 신의 명령을 거역하고 뒤를 돌아보았다가 아내를 스올로 떠나보내야 했다.

뒤를 돌아본다는 것, 그것은 그렇게 위험한 일이다. 하지만 롯의 아내를 불신앙의 표본으로 가둬 버리기보다는, 그가 왜 뒤를 돌아보았는지를 헤아려 보는 편이 더 낫지 않을까? 1996년 노벨 문학상 수상자인 폴란드의 시인 비스와바 쉼보르스카(Wislawa Szymborska)는 "롯의 부인"이라는 시에서 이렇게 노래한다.

아마도 호기심 때문에 뒤를 돌아봤을 것이다
어쩌면 호기심 말고 다른 이유 때문일 수도 있었다
은그릇에 미련이 남아서
샌들의 가죽끈을 고쳐 매다가 나도 몰래 그만
내 남편, 롯의 완고한 뒤통수를 더 이상 쳐다볼 수가 없어서
내가 죽는다 해도 남편은 절대로 동요하지 않을 거라는 갑작스러운 확신 때문에
과격하지 않은 가벼운 반항심이 솟구쳐 올라
추격자의 발소리에 귀를 기울이다가
적막 속에서 문득 신이 마음을 바꿀지도 모른다는 희망이 샘솟았기에
우리의 두 딸이 언덕 꼭대기에서 사라져 버렸으므로
문득 스스로가 늙었다는 생각이 들어서
거리를 확인하고 싶어서
방랑의 덧없음과 쏟아지는 졸음 탓에
대지 위에 꾸러미를 내려놓다가 뒤를 돌아보았다

어디로 향하는지 모른다는 두려움으로 뒤를 돌아보았다

내가 걷고 있는 오솔길에 갑자기 뱀이 나타났기에

거미와 들쥐와 어린 독수리가 내 앞을 가로막았기에

유익하지도, 해롭지도 않은 그저 살아 있는 모든 생명체가

거대한 패닉 상태에 빠져 꿈틀대고, 튀어 오르는 걸 바라보면서

갑작스런 외로움 때문에 나는 뒤를 돌아보았다

몰래 도망친다는 사실이 부끄러워서

소리치고 싶고, 되돌아가고 싶은 욕망 때문에

(하략)[7]

  삶은 복잡하고 모호하기 이를 데 없다. 한 사람의 어떤 선택에는 수없이 많은 일들이 걸려 있다. 우리가 다른 이들의 선택에 대해 함부로 평가할 수 없는 것은 그 때문이다. 살아 있는 사람은 누구나 흔들린다. 오직 죽은 고사목만이 바람에 흔들리지 않는다지 않던가. 어떤 결정을 내린 후에도 금방 후회하는 것이 인간이다. 내가 선택한 것이 잘한 일인가? 이것을 '선택 이후의 부조화'(post-decision dissonance)라 한다.[8] 어떤 사람의 선택 혹은 행위를 순종과 불순종의 도식으로만 바라보는 것은 일종의 폭력이다. 그러한 기준을 수호한다고 자부하는 이들은 권력을 누린다.

  누구의 행동도 함부로 재단해서는 안 되지만, 그럼에도 불구하고 신앙은 옛 삶의 인력을 떨쳐버리고 앞을 향해 나아가는 과정이어야

한다. 과거의 안락한 토대에 기대지 않고 불확실한 미래에 자기 삶을 거는 행위야말로 신앙적 행위다. 신앙인은 뒤를 돌아보는 사람이 아니라 앞을 내다보는(vorblick) 사람이다.

> 古人도 날 못 보고 나도 고인 못 뵈고
> 고인을 못 뵈도 녀던 길 앞에 있네
> 녀던 길 앞에 있거든 아니 녀고 어이리

퇴계 이황 선생의 〈도산 십이곡〉 중 아홉 번째 노래다. '녀다'는 '가다, 행하다'를 뜻하는 옛말이다. 옛 성현들을 지금 볼 수 없고, 성현들도 나를 볼 수 없지만 그들이 걷던 길이 있으니 그 길을 아니 걸을 수 없다는 노래다. 남을 함부로 판단할 일은 아니지만, 우리 옷자락을 붙잡는 옛 삶의 인력을 끊어 내며 앞을 향해 발돋움하는 것, 미련과 아쉬움 속에서도 새로운 삶을 향해 나아가는 것, 바로 그것이 우리 인생의 과제다.

주

1. 남영우,《땅의 문명》, 문학사상사(2018년), p.34-35 참조.
2. 레프 톨스토이,《안나 카레니나 3》, 박형규 옮김, 문학동네(2017년), p.469
3. 레프 톨스토이, 앞의 책, p.479
4. 김현경,《사람, 장소, 환대》, 문학과지성사(2016년), p.193
5. 조르조 아감벤을 통해 널리 알려진 용어로 법적인 권리와 보호를 박탈당한 벌거벗은 생명을 뜻한다. 이들은 언제라도 희생될 수 있는 사람들이다. (조르조 아감벤,《호모 사케르》, 박진우 옮김, 새물결(2008년) 참고)
6. '벌거벗음'이라는 주제가 프란체스코의 신앙 여정에서 어떤 의미를 갖는지는 다음의 책을 참고하라. 로렌스 커닝햄,《가난한 마음과 결혼한 성자》, 김기석 옮김, 포이에마(2010년), pp.44-54 참고
7. 비스와바 쉼보르스카,《끝과 시작》, 최성은 옮김, 문학과지성사(2016년), pp.228-229
8. Jonathan Sacks, *Genesis: The Book of Beginning*, Maggid Books(2009), pp.113-115 참고

오만한 권력의 몰락

03

2018년 10월 27일 오전, 일단의 유대인들이 미국 펜실베이니아주 피츠버그의 스쿼럴 힐에 있는 '생명수 회당'(Tree of Life Synagogue)에서 기도를 올리고 있었다. 그때 46세의 백인 남성 로버트 바워스(Robert Bowers)가 뛰어들어 "모든 유대인은 죽어야 한다"고 외치며 총기를 난사했다. 11명이 숨지고 6명이 중상을 입었다. 저마다 성실하게 살던 이들이 창졸간에 닥친 참화로 귀중한 목숨을 잃었다. 그들의 삶은 미완성으로 끝나고 말았다.

경찰은 이 사건을 혐오범죄로 보고 있다. 트럼프 취임 이후 미국에서는 이런 혐오범죄가 늘고 있다. 트럼프는 '타자'라 불리는 사람들을 향해 혐오의 말을 서슴없이 내뱉었고, 미국 경제가 어려워지면서 희생양을 찾고 있던 사람들은 유대인, 무슬림, 라틴계 사람들, 아프리카계 미국인들, 시크교도들, 이민자, 난민, 보호시설을 전전하는 사람들을 점점 더 자주 악마화하는 일을 저지르고 있다. 마치 무저갱이 열린 것처럼 자기들 속에 잠재되어 있던 폭력성을 거침없이 드러낸다. 경제가 삶을 과잉 대표하는 시대의 끔찍한 실상이다. 인간적 존엄을 지켜 주는 일, 타자에 대한 배려, 도덕 감정이 뒷전으로 밀릴 때 문명은 종언에 이르기 쉬운 법이다.

2001년 9월 11일 테러 사건이 벌어졌을 때 소설가이자 문명 비판가인 수전 손택(Susan Sontag)은 〈뉴요커〉지에 기고한 글 "다 같이 슬퍼하자, 그러나 다 같이 바보가 되지는 말자"(Let's by All Means Grieve Together, But Let's Not Be Stupid Together)라는 글에서 사람들의 자신감을 부추기고 슬픔을 조종하는 한편, 특정한 나라나 세력을 혐오하도록 부추기는 언론의 호들갑을 경계해야 한다면서 이렇게 말했다. "이번 사건은 '문명'이나 '자유', '인류'나 '자유 세계'에 가해진 '비겁한' 공격이 아니라, 미국이 맺은 특정 동맹 관계와 미국이 저지른 특정 행위에 따른 당연한 귀결이자 스스로 초강대국이라고 자임하는 이 국가에 가해진 공격이라는 사실을 인정하는 목소리는 도대체 다 어디로 가 버린 것일까?"[1] 이 글의 말미에서 수전은 미국이 강하다는 사실은 누구도 의심하지 않지만 "그러나 꼭 강해지는 것만이 미국이 해야 할 일은 아니다"라고 말한다.

미국 배우인 메릴 스트립(Meryl Streep)이 2017년 1월에 있었던 골든글로브 시상식에서 한 수상소감이 사람들에게 크게 회자되고 있다. 문학비평가 신형철은 "겨우 5분 30초 동안 진행된 그 연설은 구조적으로 완벽했고 지금 우리에게 필요한 모든 메시지를 담고 있었다"[2]고 평했다. 메릴은 먼저 지금 활발하게 활동하고 있는 배우 일곱 명의 이름을 호명하면서 그들의 출신지를 밝힌다. 그런 후에 영화산업의 메카라 할 수 있는 할리우드는 '다양한 아웃사이더와 외국인들로 들끓는 곳'이라면서 이들을 다 내쫓으면 미국 문화는 초라해질 것이라고 말했다. 이어 그는 "배우가 하는 유일한 일은 우리와 다른 사람의 삶 속으로 들어가서 그것이 어떤 느낌인지 관객들에게 전달하는 것"이라면서, 작년 최악의 연기로 트럼프가 장애인 기자를 흉내 내던 순간을 꼽았다. 타자에 대한 공감을 유도하는 것이 연기의 본질인데 트럼프의 연기는 정반대의 목적에 기여했다면서 메릴은 울먹였다. 메릴은 "혐오는 혐오를 부르고 폭력은 폭력을 선동합니다. 권력을 가진 자가 타인을 괴롭히기 위해 제 지위를 이용할 때, 우리는 모두 패배할 것"[3]이라고 말했다. 그의 연설은 우리로 하여금 '권력이란 무엇인가?'를 되묻게 만들었다.

    니체는 "존재의 가장 내적인 본질이 권력에의 의지"[4]라고 말했다. 권력은 나의 의지를 타자에게 부과함으로 그가 자기의 의지에 반하여 행동하게 하는 영향력이다. 권력의 폭압을 오랫동안 경험해 온 우리에게 권력은 늘 부정적인 의미로 다가온다. 권력과 폭력이 밀접하게 연결되어 있기 때문이다. 하지만 권력이 무조건 나쁜 것만은 아니다. 잘 제어된 권력은 인간 사회가 무질서와 혼돈에 빠지지 않도록 지탱해 주는 버팀목 역할을 할 수도 있기 때문이다. 권력이 어떻게 작동되는지, 권력이 어떤 유혹에 빠질 수 있는지를 잘 살피는 것은 시민의 책임이다.

아하수에로의 잔치

페르시아 왕 아하수에로(주전 486~464 재위)는 일반 역사에서 크세르크세스(Xerxes)로 더 잘 알려졌다. 그는 인도로부터 구스에 이르기까지 127개 지방을 다스리던 왕이었다. 그가 머물던 수산궁은 화려함의 극치를 구현하고 있었다. 그는 왕위에 오른 지 3년 만에 제국을 안정시켰고, 각 지방의 고관들을 궁궐로 불러 모아 잔치를 벌였다. 그 잔치는 무려 180일 동안 지속되었다. 그것은 전적으로 페르시아의 부요와 위엄을 만천하에 과시하기 위한 일종의 퍼포먼스였다. 그 잔치를 마친 후에 왕은 귀천을 막론하고 수산궁에 살고 있던 모든 백성을 불러들여 이레 동안 잔치를 벌였다. 왕의 너그러움과 활수(滑手)함을 보여 줌으로 강자와 합일화하고 싶은 사람들의 바람에 부응하기 위한 것이었다. 왕궁에서 벌어진 잔치의 화려함과 장려함을 에스더 기자는 자세하게 기록하고 있다.

"백색, 녹색, 청색 휘장을 자색 가는 베 줄로 대리석 기둥 은고리에 매고 금과 은으로 만든 걸상을 화반석, 백석, 운모석, 흑석을 깐 땅에 진설하고 금잔으로 마시게 하니 잔의 모양이 각기 다르고 왕이 풍부하였으므로 어주가 한이 없으며 마시는 것도 법도가 있어 사람으로 억지로 하지 않게 하니 이는 왕이 모든 궁내 관리에게 명령하여 각 사람이 마음대로 하게 함이더라"(에 1:6-8).

한마디로 극진한 대접이다. 금잔에 어주를 따라 마시다니, 그것도 누구의 강제도 없이. 사람들은 자신이 환대받고 있다고 느꼈을 게 분명하다. 그것이 비록 고도의 통치 전략에서 나온 것이라 해도 사람들은 왕의 손님이 되는 영광을 거부할 생각이 없었을 것이다. 아하수에로의 왕후였던 와스디도 왕궁에서 여인들을 위하여 잔치를 베풀고 있었다. 왕후는 여성들을 역사의 객체가 아닌 주체로 대한 셈이다.

그런데 사단이 벌어졌다. 술기운에 도취된 왕이 왕후의 미모를 사람들 앞에 드러내고 싶어졌다. 그래서 내관을 보내 왕후의 관을 정제하고 왕 앞으로 나오라 일렀다. 그러나 왕후는 그런 부름을 단호히 거절했다. 자신을 꽃처럼 소비하려는 가부장적 질서에 대한 거부였다. 왕의 권위는 이 일로 상당한 손실을 입게 되었다. 체면이 구겨진 왕은 주변의 학자들에게 이 일을 어떻게 처리해야 할지 묻는다. 왕의 안색을 살핀 그들은 왕후의 행위가 제국 내에 전파되면 여성들이 남편을 멸시하게 될 것이라면서 왕후를 폐하고, 새로운 법을 제정하여 제국에 선포하라고 제안한다. "남편이 자기의 집을 주관하게 하고 자기 민족의 언어로 말하게 하라 하였더라"(에 1:22). 왕은 그 제안을 받아들인다.

술이 깬 후에 왕은 자기의 성급한 조치를 후회한다. 하지만 돌이킬 수 없었다. 왕의 심기를 눈치 챈 이들은 왕의 적적함을 달래 주기 위해 아름다운 여인들을 궁궐로 들인다. 바벨론에 의해 그곳으로 끌려와 살던 모르드개의 사촌 여동생 하닷사, 곧 에스더도 이때 궁궐에 들어간다. 에스더는 모르드개의 충고대로 자기 신분과 민족을 숨긴다. 궁궐의 법도를 몸에 익힌 후에 마침내 에스더는 왕후로 간택된다. 와스디가 폐위된 지 4년이 지난 뒤였다. 왕은 새로운 왕후를 맞이한 기쁨을 숨기지 않는다. 에스더를 위해 성대한 잔치를 베풀었을 뿐만 아니라, 지방세를 면제하고 많은 이들에게 상을 내린다.

오만한 권력의 초상

에스더서는 이후에 아하수에로에 대한 암살 음모가 어떻게 적발되었는지, 그 음모를 사전에 알아차리고 고지함으로 왕을 위험으로부터 구한 모르드개 이야기를 슬쩍 끼워 넣는다. 귀한 공을 세웠음에도 불구하고 모르드개는 중용되지 못한다. 오히려 그런 혼란의 시기에 하만이 기회를 잡아 높은 자리에 오른다. 하만 역시 소수민족 출신이다. 성경은 그가 아각 사람 함므다다의 아들이라고 소개한다. 아각 사람이라는 말에서 알 수 있듯이 그는 아말렉의 임금이었던 아각의 후손인 셈이다. 사울왕은 '진멸하라'는 명령을 어기고 아말렉 왕 아각을 살려 줌으로써 하나님의 신뢰를 잃고 실각했다. 모르드개가 사울왕의 후손이었다는 사실에 비쳐 보면, 이후에 전개되는 하만과 모르드개의 갈등은 오랜 과거에 뿌리내리고 있다는 것을 눈치챌 수 있다.

하만이 왕의 측근이 된 것은 어쩌면 그가 많은 정치자금을 제공했기 때문인지도 모르겠다. 나중에 그가 모르드개와 유대인들을 죽이기 위한 조서를 얻으려고 은 1만 달란트를 드리겠다고 왕에게 제안한 것이 그 유추의 근거다. 왕은 그 제안을 거절하는 것처럼 보이지만, 그것은 고대의 거래 관행일 뿐 실제라고 볼 수는 없다.

소수민족 출신이라 해도 그는 일인지하 만인지상의 지위에 올랐다. 권력의 눈치를 보는 데 익숙한 사람들은 하만의 자긍심을 높여주기 위해 애쓴다. 권력 주위에 머물던 이들은 하만에게 꿇어 절함으로써 충성심을 보인다. 하지만 오직 한 사람은 예외였다. 모르드개만은 하만 앞에 절할 수 없었다. 그가 우상으로 여겨졌기 때문일까? 그렇지는 않았을 것이다. 식민지 출신인 그는 왕 앞에 부복했을 것이 분명하다. 어쩌면 조상 적부터 원수였던 그에게 절할 수 없다는 결기 때문이었을까? 우리는 그저 이런저런 짐작을 해볼 따름이다.

모르드개의 처신이 하만에게서 기쁨을 앗아 갔다. 단 한 사람의 불복종이 거대한 체제에 균열을 내는 법이다. 이탈리아 작가인 이냐치오 실로네(Ignazio Silone)의 소설 《빵과 포도주》는 무솔리니 파시스트 정권하에서 전쟁에 동원되는 사람들과 저항하는 사람들의 이야기를 다룬다. 애국주의 열풍이 이탈리아를 휩쓸 때 사람들은 그 전체주의의 물결에 속절없이 끌려 들어가고 있었다. 돈 파울로는 그런 광기를 깨뜨리기 위해 마을 곳곳에 '전쟁을 중단하라', '자유 만세', '평화 만세' 등의 구호를 적는다. 돈 파울로를 흠모했던 마을 처녀 비앙키나는 그것이 돈 파울로가 한 일임을 눈치 채고 전율한다. 그때 돈 파울로는 이런 말로 그를 격려한다.

"독재란 만장일치에 기초를 두고 있는 거야. 한 사람만 '아니다'라고 말하면 전체가 산산조각이 나 버리지."
"그 어마어마하고 완강한 질서를 위태롭게 하는 데는 보잘것없는 사람 하나, 아무것도 아닌 단 한 사람이 '아니다'라고 말하는 것으로 족해."[5]

분노에 눈이 멀다

하만의 분노를 달래기 위해 신하들은 모르드개를 설득하려 한다. 모르드개는 그때 자신이 유대인임을 밝히면서 그에게 허리를 굽힐 수 없다고 말한다. 숨겼던 자기 정체를 그렇게 드러낸 것이다. 그 소식을 전하여 들은 하만은 모르드개뿐만 아니라 온 나라에 있는 유대인을 다 멸할 계획을 세운다. 개인적 감정에 민족적 혐오까지 덧붙인 것이다. 통제되지 않는 권력은 '다른 소리'를 견디지 못한다. 도대체 권력이란 무엇인가?

"권력을 잡은 사람들은 우리가 그들의 권력을 경외하기를, 그래서 그들을 향해서는 좀 다르게 행동해 주기를 바란다."[6]

"인간은 게걸스레 자기만의 안녕을 탐하고 무한의 유혹에 끌려 자기 한계를 끊임없이 넘으려 하는 파우스트적 존재다. 인간이라는 피조물은 무한성과 오만한 불륜에 빠져 유한한 모든 것을 냉대한다."[7]

자기 한계를 설정하지 않는 권력은 독백적이다. 이해를 위한 대화 자체를 거부하기 때문이다. 또한 그런 권력은 악마적이다. 스스로 무한성을 참칭하려 하기 때문이다. 타락한 권력은 자기에게 위임된 이들을 사물화한다. 아우슈비츠 생존 작가인 프리모 레비(Primo Levi)는 수용소에서의 경험에 근거해 이렇게 말한다.

"많은 사람들이 자발적으로 권력을 원했다. 특히 사디스트들이 권력을 원했다. 물론 숫자가 많지는 않았지만 그들은 커다란 두려움의 대상이었다. 왜냐하면 그들에게 특권의 지위란 밑에 있는 사람들에게 고통과 굴욕을 가할 기회를 제공했기 때문이다."[8]

하만은 자기 계획을 실행하기 위해 자기보다 더 큰 권력인 왕의 권력을 활용하려 한다. 그는 왕에게 나아가 제국의 법을 따르지 않고 자기들만의 법을 가지고 살아가는 이들이 있다면서 그들은 제국의 안위에 심각한 위협이 될 수 있다고 말한다. 그것은 소수민족의 자치권을 인정하고 그들의 종교까지 인정한 페르시아의 통치 전략에 비추어 볼 때 그리 심각한 문제는 아닐 수 있었다. 하지만 하만은 그런 이들을 용납하는 것이 무익하다면서 그들을 진멸할 것을 간청한다. 그리고 앞서 말한 대로 은 1만 달란트를 바치겠다고 말한다.

왕은 완곡하게 그 검은 제안을 뿌리치는 척하지만 하만이 원하는 대로 해준다. 서기관을 소집하여 각지의 관원들에게 보내는 조서를 각 지방의 언어와 방언으로 쓰게 한 후 왕의 반지로 인치게 함으로써 왕은 유대인들에 대한 민족말살정책을 승인한다. 조서의 내용은 조야하기 이를 데 없다. "열두째 달 곧 아달월 십삼일 하루 동안에 모든 유다인을 젊은이 늙은이 어린이 여인들을 막론하고 죽이고 도륙하고 진멸하고 또 그 재산을 탈취하라"(에 3:13).

이 사실을 알아차린 모르드개는 자기로 인하여 빚어진 이 참극 앞에서 전율을 느낀다. 그는 굵은 베옷을 입고 재를 뒤집어쓰고 대궐문 앞 성 중에 나가 대성통곡했다. 그 소식이 에스더에게도 들렸고 왕후는 하닥을 보내 자초지종을 묻는다. 모르드개는 에스더에게 왕 앞에 나아가 그 조치를 철회하도록 영향력을 행사하라고 요구한다. 하지만 그것은 위험한 일이었다. 주저하는 에스더에게 모르드개는 이렇게 말한다.

"너는 왕궁에 있으니 모든 유다인 중에 홀로 목숨을 건지리라 생각하지 말라 이때에 네가 만일 잠잠하여 말이 없으면 유다인은 다른 데로 말미암아 놓임과 구원을 얻으려니와 너와 네 아버지 집은 멸망하리라 네가 왕후의 자리를 얻은 것이 이때를 위함이 아닌지 누가 알겠느냐"(에 4:13-14).

불의한 권력의 동조자들

이것은 신실한 믿음의 말인 동시에 일종의 겁박이다. 에스더는 모르드개에게 사흘 동안 금식하며 기도해 줄 것을 부탁하면서 죽으면 죽으리라는 각오로 나아가겠다고 말한다. 그리고 에스더는 며칠 금식 끝에 왕후의 복장을 갖추고 왕궁 뜰 어전 맞은편에 선다. 그의 어여쁜 모습에 마음이 흔연해진 왕은 금규를 내밀어 에스더를 가까이 오게 한다. 왕은 에스더에게 바라는 것이 무엇인지를 물으면서 왕후가 원한다면 왕국의 절반이라도 내주겠다고 말한다. 에스더는 즉각 자기 소청을 말하지 않는다. 다만 자기가 준비한 잔치에 하만과 함께 와 달라고 청한다.

왕후가 정성을 다해 준비한 잔치 자리에서 왕의 마음은 고조되었다. 하만 역시 자기가 누리는 특권으로 인해 가슴이 터질 것 같았다. 게다가 에스더는 내일도 와달라고 하지 않는가. 한껏 부푼 마음으로 집으로 돌아가던 그는 베옷을 입고 궁궐 문 앞에 있는 모르드개를 보는 순간 마음이 매우 언짢았다. 그는 친구들과 아내 세레스에게 자기가 누리고 있는 특권을 자랑스레 늘어놓았다. "왕후 에스더가 그 베푼 잔치에 왕과 함께 오기를 허락받은 자는 나밖에 없었고 내일도 왕과 함께 청함을 받았느니라"(에 5:12). 그러나 모르드개 때문에 기분이 상한 그는 친구들에게 어떻게 하면 좋겠느냐고 묻는다.

그들은 하만의 비위를 맞추기 위해 높이 오십 규빗 되는 나무를 세우고 그를 매달게 해달라고 왕에게 청하라 한다. 어느 누구도 하만의 무리수를 지적하지 않는다. 왜 그럴까?

"권력에 복종하는 자가 스스로 권력자가 원하는 행동을 하려고 하고, 권력자의 의지를 마치 자신의 의지처럼, 심지어 미리 알아서 따르려고 하는 것, 이것은 더욱 강력한 권력의 지표다. 이때 권력에 복종하는 자는 권력자의 의지 내용을 안 그래도 자기가 하려던 것이라고 내세우고, 권력자에게 공감하는 '네'(Ja)를 통해 그것을 수행한다."[9]

이런 음모가 진행되고 있을 때 아하수에로는 불면증에 시달리고 있었다. 그는 역대 일기를 가져오라 하여 그것을 살피다가 자기에 대한 역모 사건을 저지한 것이 모르드개라는 사실을 알아낸다. 그리고 그에게 적절한 보상을 하지 않았다는 사실도 알게 된다. 때마침 하만이 들어오자 왕은 그에게 왕이 존귀하게 하기를 원하는 사람에게 어떻게 해야겠냐고 묻는다. 하만은 그 대상이 자기라고 확신하며 짐짓 겸허한 척하며 말한다. "왕께서 사람을 존귀하게 하시려면 왕께서 입으시는 왕복과 왕께서 타시는 말과 머리에 쓰시는 왕관을 가져다가 그 왕복과 말을 왕의 신하 중 가장 존귀한 자의 손에 맡겨서 왕이 존귀하게 하시기를 원하시는 사람에게 옷을 입히고 말을 태워서 성 중 거리로 다니며 그 앞에서 반포하여 이르기를 왕이 존귀하게 하기를 원하시는 사람에게는 이같이 할 것이라 하게 하소서"(에 6:7-9).

왕은 하만의 말을 그대로 따랐다. 하만은 음모를 꾸며 죽이려던 모르드개를 왕이 하사한 말에 태우고 성 중에 다니며 "왕이 존귀하게 하기를 원하시는 사람에게는 이같이 할 것이라"고 외쳐야 했다. 치욕스러웠다. 그럴수록 분노는 더 커졌다. 하만은 자존심에 상처를 입었지만 에스더의 잔치에 참여하라는 지시에 따르지 않을 수 없었다. 에스더의 잔치 자리는 한계 없이 높아지려던 그의 몰락을 봉인하는 자리였다.

왕이 재차 에스더에게 소원을 묻자 그는 자기가 유대인임을 밝히면서 하만이 자기와 동족들을 죽이기 위해 꾸민 음모를 낱낱이 폭로한 후에 청한다. "내 생명을 내게 주시고 내 요구대로 내 민족을 내게 주소서"(에 7:3b). 대노한 왕이 잠시 분노를 가라앉히기 위해 왕궁 후원으로 물러나자 하만은 에스더에게 생명을 구걸한다. 그 모습을 목격한 왕은 하만이 왕후를 욕보인다고 판단하고 그를 처형할 것을 명한다. 내시 하르보나가 오십 규빗 되는 나무가 하만의 집에 섰다고 말하자 왕은 그 나무에 하만을 매달라 이른다. "함정을 파는 자는 거기에 빠질 것이요 담을 허는 자는 뱀에게 물리리라 돌들을 떠내는 자는 그로 말미암아 상할 것이요 나무들을 쪼개는 자는 그로 말미암아 위험을 당하리라"(전 10:8-9) 하지 않던가.

왕은 하만의 집을 에스더에게 주었고, 하만에게 맡겼던 인장반지는 모르드개에게 넘겼다. 철저한 역전이 일어난 것이다. 유대인들을 죽이라는 조서는 철회되었고, 유대인 말살정책에 동조했던 이들에 대한 처벌이 즉각 시행되었다. 유대인들의 죽음이 예고되었던 아달월 십삼일은 오히려 그 적대자들의 죽음의 날이 되었다. 위험과 탄식의 날은 축제의 날로 변했다. 이후로 유대인들은 아달월 십사일에 하루를 쉬며 잔치를 베풀어 즐겼고, 서로 예물을 나누며 그날을 경축했다.

화석류, 그리고 별

에스더서는 부림절의 유래를 전하는 책이다. 해마다 부림절이 되면 유대인들은 억압과 수탈이 일상이 된 세상에 살면서 늘 생명의 위협을 받던 자신들이 어떻게 구원을 받게 되었는지를 전하는 이 책을 낭독한다고 한다. 지금의 우리에게는 적대자들에 대한 처절한 보복을 신명 나게 전하는 이 책이 영 불편하지만 당시 흑암과 공포의 심연 속에서 살아가던 유대인에게는 종말론적 희망을 불러일으켰을 것이다. 지금은 비록 시련 가운데 있지만 역사의 주인은 하나님이라는 사실을 재확인하면서 그들은 곤고한 생을 견뎠을 것이다. 아각의 후손인 하만과 그의 하수인들의 몰락은 아말렉을 진멸하라는 하나님의 명이 뒤늦게나마 어떻게 시행되었는지를 보여 주는 사건으로 받아들였을지도 모르겠다.

통제되지 않는 권력, 자기보다 높은 심급이 있다는 사실을 망각하는 권력은 반드시 무너지게 마련이다. 하만의 주변에 있던 아첨배들은 하만의 몰락을 재촉하는 역할을 했다. 역사의 아이러니다. 그릇된 권력에 복종하기를 거부하는 사람들, 모두가 '예'라고 말할 때 '아니오'라고 말하는 사람들은 어려움을 겪을 수밖에 없다. 하지만 그들이야말로 역사를 바른 방향으로 이끄는 견인차들이다. 불의 앞에서 침묵하는 이들은 불의와 공모하는 자들일 뿐이다.

"그들의 억압을 내면화한 사람들, 그 짐승에게 압도된 사람들, 그 힘을 수동적인 복종으로 겁내는 사람들, 그리고 그 힘의 위세를 경배하는 사람들은, 그 짐승에게 그 힘을 계속 확장할 필요에 모든 허가를 내준 사람들이다."[10]

종교 혹은 종교인들의 책무는 그릇된 권력에 제동을 걸고, 그 권력이 하나님의 뜻에 맞게 행사되도록 요구하는 것이다. 권력과의 긴장은 참된 종교가 피할 수 없는 숙명이다. 오늘의 기독교는 어떠한가?

"집권자가 험악한 얼굴로 백성들에게 겁을 주면, 목사나 신부는 교활한 미소로 그들을 위로한다. 이리하여 양 떼 같은 백성들은 늑대 같은 정치인과 여우 같은 종교인 사이에서 찢기고 뜯기어 멸해진다. 지배자는 스스로를 법이라 하고, 성직자는 스스로 신의 사자라고 주장한다. 이 둘

사이에서 백성들의 육체가 고문을 당해 죽어 가고, 백성들의 정신이 질식을 당해 숨통이 막힌 채 시들어 버린다."11)

하맛 이야기를 통해 우리는 무엇을 배울 것인가? 에스더의 히브리식 이름인 하닷사는 '화석류(化石榴) 나무'라는 뜻으로 고난을 상징한다. 하닷사는 죽으면 죽으리라는 각오로 그릇된 권력에 맞섰다. 그래서 그의 바뀐 이름 뜻 그대로 민족의 별이 되었다. 에스더는 '별'이라는 뜻이다.

주

1. 수전 손택,《타인의 고통》, 이재원 옮김, 이후(2004년), p.221
2. 신형철,《슬픔을 공부하는 슬픔》, 한겨레출판사(2018년), p.213
3. 신형철, 앞의 책, pp.213-214에서 발췌 인용
4. 프리드리히 니체,《권력에의 의지》, 강수남 옮김, 청하(1993년), p.414
5. 이냐치오 실로네,《빵과 포도주》, 최승자 옮김, 고래의노래(2017년), pp.354, 355
6. 월터 윙크,《사탄의 체제와 예수의 비폭력》, 한성수 옮김, 한국기독교연구소(2004년), p.170
7. 테리 이글턴,《악》, 오수원 옮김, 이매진(2015년), p.45ff
8. 프리모 레비,《가라앉은 자와 구조된 자》, 이소영 옮김, 돌베개(2014년), p.53
9. 한병철,《권력이란 무엇인가》, 김남시 옮김, 문학과지성사(2012년), p.16
10. 월터 윙크, 앞의 책, p.174ff
11. 칼릴 지브란,《반항하는 정신》, 이경하 옮김, 당그래(1991년), p.37ff

왕이 곧 신

04

술잔치에서 벌어진 신성모독

벨사살은 나보니두스(Nabonidus, 주전 555~539 재위)와 느부갓네살의 딸 니토크리스 사이에서 태어났다[1]. 성경은 그가 느부갓네살의 아들이라고 말하지만 실상은 그렇지 않다. 나보니두스는 신바벨론 제국의 마지막 왕이라 할 수 있다. 그는 쿠데타를 통해 라바시-마르둑(Labashi-Marduk)을 축출하고 왕으로 등극한 사람이다. 쿠데타는 성공했으나 그는 사람들의 마음을 얻지는 못했던 것 같다. 그는 바벨론의 주신인 마르둑을 경배하지 않았기에 제사장들과 평민들의 분노를 샀다. 그는 달신 '신'(Sin)을 최고 지위에 올리려다 저항에 부딪치자 나라를 아들인 벨사살에게 맡긴 후 수도를 떠나 10년간 '신'의 신전을 짓는 일에 몰두했다.[2]

벨사살은 그런 의미에서 섭정왕이라 할 수 있겠다. 성경에서 벨

사실은 오직 다니엘서에서만 나온다. 어느 날 그는 귀족 천 명을 초대하여 큰 잔치를 벌인다. 어쩌면 아버지로 인해 멀어진 민심을 되돌리기 위한 것이었는지도 모르겠다. 그는 사람들 앞에서 술을 마셨다. 연회에 술이 빠지지 않는 법이다. 심포지엄이라는 단어는 학술적인 모임이나 특정한 주제를 다루는 회의를 일컫는 말이지만 이 단어의 뿌리인 고대 그리스어 심포지온(symposion)의 문자적 의미는 '함께 마신다'는 뜻이다.[3] 심포지온에 참여하는 이들은 방 한가운데 놓인 크라테르(krater, 독한 포도주와 물을 섞기 위한 도구)에서 술을 따라 마셨다. 희석된 포도주를 마시면서 풍류를 즐기는 동시에 철학과 정치를 논하는 것이 심포지온[4]인데, 도를 넘는 경우가 비일비재했던 것 같다. 과음한 사람이 마신 술을 토하는 장면이 그려진 크라테르가 있는 것을 보면 말이다.

그리스 비극 작가인 에우리피데스(Euripides)의 사티로스극인 〈키클롭스〉는 트로이 전쟁의 영웅 오디세우스가 외눈박이 거인 키클롭스가 사는 시켈로스 섬에서 지낸 시간을 배경으로 한다. 굶주렸던 오디세우스 일행은 키클롭스의 시종인 실레노스에게 술을 줄 테니 음식을 달라고 부탁한다. 실레노스는 술을 얻기 위해 주인을 기꺼이 배신한다. "그렇게 하리다. 나는 주인 같은 것은 안중에 없으니까. 나는 단 한 잔이라도 좋으니 그것을 마시고 싶어 미칠 지경이오. 그것을 위해서라면 나는 전 키클롭스족의 가축을 내주겠소. 그리고 나는 술에 취해 눈이 게슴츠레해질 수만 있다면 레우카스 바위에서 바

댓물 속으로 뛰어내릴 용기도 있소. 술 마시기를 좋아하지 않는 자는 바보지요."[5] 실레노스는 술이 성적인 충동을 일으키고, 인생의 온갖 고통도 잊어버리게 만들어 준다고 말한다.

술은 사람을 도취하게 만든다. 이스라엘의 지혜자는 술의 폐해를 인상 깊게 서술했다. "재앙이 뉘게 있느뇨 근심이 뉘게 있느뇨 분쟁이 뉘게 있느뇨 원망이 뉘게 있느뇨 까닭 없는 상처가 뉘게 있느뇨 붉은 눈이 뉘게 있느뇨 술에 잠긴 자에게 있고 혼합한 술을 구하러 다니는 자에게 있느니라"(잠 23:29-30). 술은 과도하게 탐닉하는 자를 뱀같이 문다. 그러나 물려도 물린 줄 알지 못하기에 죽음에 이르기 쉽다.

술잔치를 벌이던 벨사살은 느부갓네살이 예루살렘 성전에서 가져온 금은 기물들을 내오라고 분부한다. 벨사살은 귀족들과 왕비와 후궁들과 함께 그 잔으로 술을 마심으로 바벨론 신들에 대한 충성심을 가시적으로 드러내고 싶었던 것 같다. 그것은 여호와에 대한 모욕과 조롱이었다. 모욕과 조롱은 그들을 하나의 동질적 집단으로 만들었다. 벨사살은 귀족들을 일종의 집단 황홀경 속에 몰아넣었던 것이다. 어느 한 사람도 그런 모욕 행위에 제동을 걸지 않았다. 아니, 걸 수가 없었다. 다른 소리를 낸다는 것은 그 자체로 배신으로 간주될 수 있는 상황이었다.

그리고 이어진 것은 그 인위적 일치를 종교적 열정으로 치환하는 일이었다. "그들이 술을 마시고는 그 금, 은, 구리, 쇠, 나무, 돌로 만든 신들을 찬양하니라"(단 5:4). 신들의 이름이 언급되지는 않았지만, 그 신들은 제국의 안위와 풍요를 가져온다고 믿어지는 우상들이었을 것이다. 그 신들은 숭배자들의 윤리적 삶에 관심을 갖지 않는다. 참석자들은 국가적인 제의에 동참하고 있다는 사실에 안도했을 것이고 벨사살은 자기의 정치적 책략이 적중했다며 속으로 기뻐했을 것이다.

그들만의 잔치는 공포로 이어지고

우상에 대한 찬양의 열기가 고조될 때 그들의 취기를 깨우는 놀라운 일이 벌어진다. 사람의 손가락이 나타나서 왕궁 촛대 맞은편 석회벽에 글자를 쓴 것이다. 왕은 그 광경을 보면서 사색이 되었다. 다니엘서는 그 상황을 이렇게 전한다. "이에 왕의 즐기던 얼굴빛이 변하고 그 생각이 번민하여 넓적다리 마디가 녹는 듯하고 그의 무릎이 서로 부딪친지라"(단 5:6). 적나라한 공포는 왕의 위엄조차 무색하게 만든다.

빛의 화가라 불리는 렘브란트는 1635년에 이 놀라운 광경을 회화적으로 재현했다. "벨사살왕의 연회"가 그것이다. 렘브란트는 천 명이 참여하는 연회 광경을 전부 그릴 생각이 없었다. 그는 오직 왕의 테이블만 보여 준다. 화면에는 6명이 등장한다. 화려한 의복과 장신구를 걸친 왕과 왕족들일 것이다. 3층으로 된 왕의 흰 두건 위에 놓인 왕관은 상대적으로 작아 보인다. 제국을 다스리기엔 부족한 사람

렘브란트: 벨사살의 잔치
Rembrandt(1606-1669): Belshazzar's feast, 1635

이라는 것을 그렇게 표현한 것인지도 모르겠다. 화면의 우측 상단에 나타난 손가락과 글씨가 화면에 등장하는 모든 이들의 행동을 일으켰다. 벨사살은 자리에서 반쯤 일어난 자세를 취하고 있다. 그는 공포에 질린 눈으로 뒤를 돌아본다. 뭔가를 움켜쥐려는 듯 보이는 오른손은 그의 마음속에 일어난 공포를 가시적으로 드러내고 들어 올린 그의 왼손은 마치 누군가의 공격을 막아 내려는 것처럼 다급해 보인다. 왕의 위엄은 어디에도 보이지 않는다. 오직 공포에 질린 사람만 있다. 왕의 오른쪽에 있는 두 사람 역시 눈을 화등잔만 하게 뜬 채 공포스런 장면을 바라본다. 여인은 두 손을 부여잡고 있다. 그들 옆에 화면을 등지고 앉은 여인은 영문을 모른 채 그 두 사람을 바라보고 있다. 왕의 왼편에 앉아 있던 여인은 너무 놀라 잔에 담긴 술이 자기 팔에 쏟아지는 것도 의식하지 못한 채 손가락을 바라보고 있다.

오로지 한 사람만이 그 순간을 태연하게 맞이하고 있다. 화면의 왼쪽 구석에 있는 악사다. 그는 어떤 일이 벌어지고 있는지 알지 못한 채 악기 연주에 골몰하고 있다. 무감각일까? 렘브란트는 어쩌면 그 화려한 잔치의 흥을 돋우기 위해 동원된 사람의 눈으로 그 사건을 바라볼 것을 우리에게 요구하고 있는지도 모르겠다.

어느 날 제선왕을 만난 맹자는 왕이 음악에 빠졌다는 소문을 들었다고 말한다. 왕은 당황한다. 그러나 맹자가 왕이 음악을 즐기니 나라가 제대로 다스려질 것이라고 말하자 왕은 적이 안심이 된다는 표정을 짓는다. 맹자는 왕에게 음악은 혼자 즐기는 것이 즐거운지 아니면 다른 사람들과 함께 즐길 때가 더 즐거운지를 묻는다. 왕은 많은 이들과 함께 즐길 때가 더 즐겁다고 대답한다. 그러자 맹자는 제선왕에게 자기가 정작 하고 싶었던 말을 한다.

"그렇다면 제가 당신을 위해 '음악'이란 것에 대해 말씀드리겠습니다. 지금 만약 왕께서 대형 콘서트를 여셨다고 생각해 봅시다. 빵빵한 음향에 음악 소리가 울려 퍼지겠죠. 그러자 국민이 죄 이마를 찌푸리면서 이런 반응을 보여요. '뭐야? 또 콘서트야? 아, 골 때리네. 정치를 이따위로 해서 사람 다 죽어 가게 만들어 놓고서는 지는 세월 좋게 뭐 음악? 에잇! 니미!' 또 혹은 왕께서 축제를 여셨다고 생각해 봅시다. 화려한 깃발과 장식, 각종 멋진 퍼레이드가 펼쳐집니다. 그러자 국민이 또 죄 이마를 찌푸리면서 이렇게 말하죠. '뭐야? 또 축제야? 아, 골 때려. 이따위 정치로 사람 다 죽게 만들어 놓고서는 뭘 잘했다고 축제야? 에잇! 젠장!' 지도자의 오락에 대해 국민이 이렇게 나온다면 이건 지도자가 자기만 알고 국민의 어려움을 돌보지 않아 즐거움을 함께해 오지 않았기 때문입니다."[6]

백성의 삶의 현실과 동떨어진 왕실의 축제는 사람들의 가슴에 저항의 불씨를 심는 것이라는 말일 것이다. 물론 렘브란트의 그림에 등장하는 악사의 무표정을 일종의 저항으로 읽는 것은 과한 해석인 줄 안다. 그럼에도 불구하고 이 악사의 존재는 벨사살 왕의 잔치가 민중들의 현실과 유리된 것임을 드러내고 있다고 보고 싶다. 여민동락(與民同樂)과 거리가 먼 그들만의 축제에 동원된 이의 모습을 통해 우리는 제국의 운명을 본다.

두려움 없는 해석자

벨사살은 스스로 해석할 능력은 없지만 벽에 쓰인 글씨가 불길한 징조임을 직감한다. 제국의 안위와 관련된 신탁이라 믿었기에 그의 마음은 다급해졌다. 그래서 술객과 갈대아 술사와 점쟁이를 불러오게 한다. 그들은 당대 지식인으로 인정받던 이들이다. 벨사살은 누구든지 그 글자를 읽고 해석하는 사람에게 포상을 하겠다고 말한다. 자주색 옷을 입히고, 금사슬을 목에 걸어 주고, 나라의 셋째 통치자로 삼겠다는 것이다. 그러나 왕실의 녹을 먹고사는 지식인 집단 가운데 누구도 그 글자들을 해독하지 못했다. 마침 그 자리에 있던 왕비가 '거룩한 신들의 영이 있는 사람' 다니엘을 소개한다.

그는 바벨론식 이름인 벨드사살로 불리고 있었다. 느부갓네살의 꿈을 해석한 후에 높은 관직에 등용되었던 다니엘은 왕권 교체기에 준은퇴 상태에 있었던 것으로 보인다. 그런 다니엘이 다시 정치의 무대에 부름을 받았다. 벨사살은 그동안 있었던 일들을 세세히 고한 후에 다니엘에게 해석을 의뢰한다. 이전의 지식인들에게 한 포상도 약속한다. 그러나 다니엘은 그런 포상에 관심이 없다. 그는 다만 하나님의 뜻을 그에게 전하는 예언자적 직무를 수행할 뿐이다.

다니엘은 벽에 적힌 글자들을 해석하기 전에 그 글자가 적힐 수밖에 없었던 맥락을 짚어 낸다. 다니엘은 느부갓네살의 경우를 예로 들어 설명한다. 높으신 하나님께서 그에게 나라와 큰 권세와 영광과 위엄을 주셨지만, 그는 그것을 자기의 능력으로 얻은 것으로 착각함으로써 마음이 높아지고 뜻이 완악하여 교만에 빠졌다는 것이다. 그 결과 느부갓네살은 왕위에서 쫓겨나 광야를 떠돌게 되었다. 권력의 들큼한 맛에 취하는 순간 이성은 작동하지 않는다. 아첨하는 무리에 둘러싸이면 참담한 국민들의 현실은 보이지 않는다. 그런 권력의 본질을 잘 알기에 다니엘은 에둘러 말하지 않는다. 그의 말은 거침이 없다.

"벨사살이여 왕은 그의 아들이 되어서 이것을 다 알고도 아직도 마음을 낮추지 아니하고 도리어 자신을 하늘의 주재보다 높이며 그의 성전 그릇을 왕 앞으로 가져다가 왕과 귀족들과 왕후들과 후궁들이 다 그것으로 술을 마시고 왕이 또 보지도 듣지도 알지도 못하는 금, 은, 구리, 쇠와 나무, 돌로 만든 신상들을 찬양하고 도리어 왕의 호흡을 주장하시고 왕의 모든 길을 작정하시는 하나님께는 영광을 돌리지 아니한지라"(단 5:22-23).

다니엘은 왕을 '벨사살이여'라고 부른다. 하나님 앞에서는 왕관을 쓴 채 설 수 없는 법이다. 하나님께 영광을 돌리기는커녕 하나님을 모독한 그의 행위는 용서받을 길이 없다. 다니엘은 마침내 벽에 쓰인 글자를 소리 내 읽는다. "메네 메네 데겔 우바르신." 그리고 그 뜻에 담긴 의미를 해석한다. "메네는 하나님이 이미 왕의 나라의 시대를 세어서 그것을 끝나게 하셨다 함이요 데겔은 왕을 저울에 달아 보니 부족함이 보였다 함이요 베레스는 왕의 나라가 나뉘어서 메대와 바사 사람에게 준 바 되었다 함이니이다"(단 5:26-28).

제국의 무도함을 심판하시는 하나님

예언자는 하나님의 눈으로 역사를 주석하는 사람이다. 그는 작은 징조를 보고도 미구에 일어날 일을 알아차리는 영적 예민함 속에서 살아간다. 철학자 카를 야스퍼스(Karl Jaspers)는 세상은 초월자의 암호가 가득한 곳이라고 말했다. 절대 타자이신 하나님은 우리와 구별되는 분이지만 세상을 통해 우리와 소통하려 하신다. 신의 형상을 따라 지음 받은 인간은 늘 세계와의 접촉을 통해 신적 메시지를 찾아내야 한다.

'메네 메네 데겔 우바르신', 이 수수께끼와도 같은 단어들을 통해 다니엘은 바벨론 제국이 맞이하게 될 비운의 운명을 알아차린다. 과연 이 해석은 타당한 것인가? 시블리 타우너(Sibley Towner)는 "19세기 후반 이후로 다수의 학자들은 이 세 단어들이 동전의 무게를 표시한다는 주장을 받아들였다"고 말한다. "메네(MENE)는 므나를 의미하고, 데겔(TEKEL)은 세겔의 아람어 표현이며, 페레스(PERES)는 반 므나를 가리킨다는"[7] 것이다. 가치가 다른 동전 세 개를 지칭하는 이름이 벽에 적혔고, 제국을 대표하는 이들이 사시나무 떨듯 떨었다. 신랄한 풍자가 아닌가? 시블리 타우너는 이 해석을 조금 더 상세하게 설명한다.

"25절에 열거된 세 개의 단어들은 26-28절에서는 다니엘에 의해 세 개의 수동태 동사로 취급된다: 메네는 '끝났다'(numbered)라는 의미의 동사 m-n-h; 데겔은 '달았다'라는 동사 t-q-l; 그리고 페레스는 '나누다'라는 동사 p-r-s. 벨사살의 시대는 그 날수가 센 바 되어 끝났으며, 그의 통치는 저울에 달아 본 바 되어 그 무게가 미달되며, 그의 나라는 반은 메대로, 반은 페르시아(peres라는 단어는 페르시아를 의미하는데, 그 자체가 p-r-s의 또 하나의 해학적인 단어다) 등 두 개로 나누어질 것이다."[8]

물론 이 모든 행위의 주체는 '하늘의 주재', '지극히 높으신 하나님'이다. 이스라엘의 하나님은 바벨론의 연대까지 세시는 절대 주권자시다. 정의와 공의의 토대 위에 세상을 세우시는 하나님은 불의와 폭력으로 약자를 유린하는 제국의 지속을 바라지 않으신다. 야코프 부르크하르트(Jacob Burckhardt)는 국가는 폭력을 제도화한 것에 지나지 않는다면서 "국가의 가장 초기 형태, 그 태도, 그 과제, 그 고난은 본질적으로 패배한 자들을 노예로 삼는 일"[9]이라고 말한다. 특히 제국의 폭력은 잔인하고 무차별적이다. 착취와 억압에 근거한 벨사살의 나라는 끝났다.

하나님은 또한 바벨론의 무게를 달아 보신다. 천칭의 한쪽에는 정의, 공의, 인애, 사랑이 놓이고 다른 쪽에는 벨사살의 통치가 놓인다. 다니엘은 벨사살이 다스리는 나라가 하나님이 세우신 기준에 턱없이 미치지 못하고 있다고 말한다. 가난한 이들은 흙 속에 짓밟히고, 피식민지 백성들은 하릴없이 조롱거리로 전락하는 세상에 대해 하나님은 분노하신다.

다니엘은 결국 최후의 선언을 한다. 바벨론은 나뉘어져 다른 이들에게 넘어갈 것이다. 바벨론 제국의 속주에 불과하던 메대와 바사(페르시아)가 가장 강력한 제국을 무너뜨리고 새로운 역사를 시작할 것이다. 그게 역사의 주인이신 하나님의 뜻이다. 예언자는 목숨을 걸고 진실을 말한다.

그의 말은 반역처럼 들릴 수 있다. 그러나 그는 조금의 유보도 없이 하나님의 뜻을 전한다. 뜻을 정한 사람이기에 가능한 일이다. 죽고 사는 문제보다 그에게 더 중요한 것은 진실의 통로가 되는 일이다. 벨사살은 놀랍게도 다니엘을 벌하지 않는다. 오히려 다니엘에게 붉은 옷을 입히고, 금목걸이를 걸어 주고, 나라의 셋째가는 통치자의 자리를 내주었다.

다니엘서는 이후에 벌어진 일을 아주 간결하게 전한다. "그날 밤에 갈대아 왕 벨사살이 죽임을 당하였고 메대 사람 다리오가 나라를 얻었는데 그때에 다리오는 육십이 세였더라"(단 5:30-31). 심판은 이렇게 신속하고 군더더기 없이 시행되었다. 제국의 전성기처럼 보이던 때에 몰락은 그렇게 도둑처럼 찾아왔다.

에리직톤 이야기

천 명의 귀족들이 참여한 연회, 악사들은 취흥을 돋우기 위해 연주를 하고, 무희들의 춤사위는 왕과 귀족들의 특권의식과 허위의식을 더욱 부추겼을 것이다. 벨사살은 여호와에 대한 모독을 통해 승리자의 오만에 왕관을 씌우고 싶어 했다. 그것이 몰락의 덫인 줄은 꿈에도 몰랐을 것이다. 벨사살의 몰락은 그리스 신화에 등장하는 에리직톤(Erysichton)을 떠올리게 한다. 오비디우스는 〈변신 이야기〉(Metamorphoses)에서 테살리아의 왕이던 에리직톤의 비극을 들려준다. 신화 속 인물이지만 오늘의 우리에게 시사해 주는 바가 크다.

에리직톤은 욕심이 많은 인물로 신들조차 우습게 알았다. 그가 다스리던 테살리아에는 농업의 여신 데메테르에게 바쳐진 신성한 숲이 있었다. 숲 한복판에는 큰 참나무 한 그루가 있었다. 케레스를 통해 소원을 성취한 사람들은 감사의 표시로 그 나무에 화환을 걸어 놓거나 봉헌물을 바쳤다. 나무의 요정들도 나무 주위를 돌며 춤을 추곤 했다. 에리직톤은 그 나무가 탐났다. 그 나무를 베어다가 연회장을 짓고 싶었던 것이다. 왕은 종들에게 그 나무를 자르라고 명했다. 하지만 종들은 두려움에 사로잡혀 주저했다. 에리직톤은 그들을 비웃으며 직접 도끼를 들어 나무를 찍기 시작했다. 나무는 떨며 신음 소리를 냈고, 도끼날이 닿는 자리마다 붉은 피가 솟아났다. 모두 공포에 질렸지만 에리직톤은 아랑곳하지 않고 나무를 넘어뜨렸다.

님프들은 데메테르(Demeter)에게 달려가 자초지종을 알렸다. 화가 난 데메테르는 황량한 땅에 머물고 있던 굶주림과 기근의 여신 리모스(Limos)에게 종을 보내 에리직톤에 대한 징계를 부탁한다. 데메테르의 부탁을 받은 리모스는 깊은 잠에 빠진 에리직톤의 침상에 다가가 그의 혈관 구석구석에 배고픔을 심는다. 연회의 꿈을 꾸던 에리직톤은 극심한 허기증에 잠에서 깨어나 종들에게 먹을 것을 가져오라 명한다. 하지만 허기가 사라지기는커녕 먹으면 먹을수록 배고픔이 더욱 극심해졌다. 그는 왕궁에 있는 모든 음식을 먹어 치웠다. 급기야 자기의 전 재산을 팔아 음식을 샀지만 배고픔은 가시지 않았다. 나중에는 딸을 종으로 팔아 음식을 마련했다. 그래도 배고픔은 사라지지 않았다. 결국 그는 자기의 팔다리와 몸통까지 뜯어먹었다. 나중에 남은 것이라고는 이빨뿐이었다.[10]

매우 엽기적인 이야기처럼 들린다. 그러나 이 이야기는 권력에 도취되어 자기 한계를 잊은 이들의 운명을 절묘하게 보여 준다. 신에게 속한 것을 사취하려는 인간의 오만함은 결국 자기 파멸로 귀착될 뿐이다. 이전에 비해 많은 것을 누리며 살면서도 여전히 만족할 줄 모르는 우리, 함께 살아야 할 이웃을 존귀한 하나님의 형상으로 대하기보다는 수단으로 삼기에 주저함이 없는 우리는 어쩌면 에리직톤의 후예인지도 모르겠다. 비용 절감과 효율성을 핑계로 노동자들을 죽음의 자리에 방치하는 현실과 케레스의 참나무를 도끼로 찍는 에리직톤의 무도함은 묘하게 닮아 있다. 성경은 동료 인간에게 가하는 모욕 행위가 하나님에 대한 모욕이라고 말한다. "가난한 사람을 학대하는 자는 그를 지으신 이를 멸시하는 자요 궁핍한 사람을 불쌍히 여기는 자는 주를 공경하는 자니라"(잠 14:31).

자기가 한낱 인간에 지나지 않는다는 사실을 잊을 때 심판의 다림추가 내려진다. 바벨론이라는 거대 제국의 왕이라는 헛된 자부심, 자기 앞에 머리를 조아린 수많은 귀족들의 모습은 그의 자아를 한껏 부풀게 했다. 신들조차 그의 발아래로 보였다. 제국을 운영하는 자들은 군대의 채찍만으로는 왕권을 보존하기 어렵다는 사실을 잘 안다. 그래서 '왕은 곧 신'이라는 신화를 만들곤 한다. 술객, 술사, 점쟁이, 천문 해독자들은 하늘의 뜻을 빙자하여 왕의 신화를 뒷받침해준다. 이런 자들에 둘러싸여 있으면 자기 성찰을 할 수가 없다. 그렇게 도취된 영혼은 확고하게 제 무덤을 판다.

예수를 따르는 이들을 박해하던 사울은 하늘로부터 엄중한 경고를 받는다. "사울아 사울아 네가 어찌하여 나를 박해하느냐 가시채를 뒷발질하기가 네게 고생이니라"(행 26:14). 자기 딴에는 자부심을 가지고 한 일이 결국은 자기를 상하게 할 수도 있다. 과도함은 미치지 못함만 못하다. 벨사살, 그는 권력의 맛에 취해 있던 그 시간에 공포를 만났고, 그 공포는 결국 죽음으로 귀결되었으며, 그의 죽음과 더불어 무너지지 않을 것 같았던 제국도 무너졌다. 하나님의 심판은 이렇게 엄중하다.

주

1. 브리태니커 사전9, 동아일보 공동출판(1993년), p.480
2. Wikipedia, '나보니두스' 항목
3. 김승중, 《한국인이 캐낸 그리스 문명》, 통나무(2017년), p.124
4. 김승중, 앞의 책, p.134
5. 에우리피데스, 《에우리피데스 비극》, 천병희 옮김, 단국대학교출판부(1999년), p.565
6. 맹자, 《오늘을 읽는 맹자》, 임자헌 옮김, 루페(2019년), p.52
7. 시블리 타우너, 《다니엘서》, 신정균 옮김, 한국장로교출판사(2004년), p.117
8. 시블리 타우너, 앞의 책, pp.117-118
9. 야코프 부르크하르트, 《세계 역사의 관찰》, 안인희 옮김, 휴머니스트(2008년), p.64
10. 오비디우스, 《변신 이야기》, 이윤기 옮김, 민음사(1995년), pp.282-287 참고

뒷주머니에 숨긴 돈

05

부분과 전체

예수로 인해 공회가 소집되었다. 대제사장과 바리새인들은 머리를 맞대고 예수를 어떻게 처리할지를 의논했다. "이 사람이 많은 표적을 행하니 우리가 어떻게 하겠느냐 만일 그를 이대로 두면 모든 사람이 그를 믿을 것이요 그리고 로마인들이 와서 우리 땅과 민족을 빼앗아 가리라"(요 11:47-48). 그들은 예수라는 존재로 인해 안일한 현실(status quo)의 토대가 흔들릴까 봐 두려워한다. 사람들의 시선이 한 사람에게 쏠리고, 그로 인해 민중들 속에 잠재되어 있던 반역의 충동이 깨어난다면 굴욕적으로나마 유지되고 있던 평화가 깨질 것이고, 결과적으로 로마의 폭력적 개입을 부를 수 있다고 생각했기 때문이다. 누구도 뚜렷한 해답을 내놓지 못할 때 그해의 대제사장 가야바가 말한다. "한 사람이 백성을 위하여 죽어서 온 민족이 망하지 않게 되는 것이 너희에게 유익한 줄을 생각하지 아니하는도다"(요 11:50). 그는 전체를 위해서라면 한 사람의 희생은 감수할 수밖에 없다고 말한다. 정말 그런가?

테러와의 전쟁을 명분으로 미국이 벌인 전쟁에서 전투원이 아닌 여성과 아이들을 비롯한 많은 이들이 희생을 당했다. 전쟁을 기획한 이들은 그것은 전쟁 상황에서 흔히 일어날 수 있는 부수적 손실(collateral loss)이라고 말한다. 가야바는 도처에 존재한다. 그러나 이러한 사고는 정당화될 수 없다. 아브라함 요수아 헤셸은 전체주의적 발상이 얼마나 비성경적인 것인지, 그리고 그 누구도 다른 사람들을 살리기 위해 누군가를 희생시켜서는 안 된다면서 한 가지 예를 든다.

"만일 적들이 모여 있는 여자들에게 말하기를, '너희 모두 욕보지 않으려면 너희 가운데 하나를 우리에게 보내라'고 한다면 그들이 와서 모두를 욕보이게 할지언정 어느 한 여자를 뽑아서 욕보게 해서는 안 된다."[1]

누구도 다른 사람을 위해 희생을 강요받아서는 안 된다는 말이다. 상황이 위급할 때면 사람들은 누군가를 희생시킴으로써 자기 안위를 보장받고 싶어 한다. 노골적으로 자기 욕망을 드러내지는 않지만, 상황만 무르익으면 서슴지 않고 희생자를 지목한다. 두렵고 떨리지만 한 사람을 희생시키지 않기 위해 위험을 무릅쓸 때 인간의 존엄은 유지되는 법이다.

로댕(Auguste Rodin)의 조각 '칼레의 시민'은 백년 전쟁 당시 프랑스의 해안도시 칼레에서 벌어진 사건을 형상화한 것이다. 칼레의 완강한 저항에 직면했던 영국 왕 에드워드 3세는 마침내 칼레를 함락시켰을 때 시민들 전체를 몰살시키려 했다. 그러나 칼레를 대표한 사절단과 측근들의 조언에 따라 모든 시민들의 처형을 보류하는 대신, 그들이 뽑은 칼레의 시민 6명을 전체를 대신하여 처형하겠다고 말한다. 시민들은 안도의 한숨을 내쉬었지만 전체를 위해 희생할 6명을 뽑는 일이 참 난감했다. 그때 외스타슈 드 생 피에르가 먼저 나섰고, 상류층에 속한 사람들 다섯이 그 뒤를 이었다. 그들은 목에 밧줄을 걸고 자루옷을 입은 채 영국군 앞에 섰다. 로댕은 그 비장한 순간을 형상화했다. 굳게 다문 입, 역사의 비애를 짊어진 어깨, 그리고 빛나는 눈동자가 인간이 얼마나 아름다울 수 있는지를 증언한다.

자기가 살기 위해 누군가를 희생시키는 일은 얼마나 비루한가. 다른 이들을 살리기 위해 자기를 희생하는 일은 얼마나 장엄한가.

분열 속에 있는 인간

한 사람의 이기적인 선택이 공동체 전체를 위험에 빠뜨리는 일도 있다. 억압의 땅 애굽에서 벗어난 탈출 공동체는 40년의 광야 생활을 마감하고 바야흐로 가나안 땅에 들어가게 되었다. 제방까지 물이 차오른 요단 강은 언약궤를 앞세운 제사장과 이스라엘 앞에 순하게 길을 열어 주었다. 사람들은 마른 땅을 밟고 강을 건넜고, 열두 개의 돌을 주워 기념비로 세웠다. 길갈에 이르러서는 애굽에서 겪었던 수치를 없애 버린다는 의미로 할례를 행했다. 강성했던 여리고 성도 함락시켰다. 주께서 그들과 함께하셨기 때문이다. 그들 앞에는 거칠 것이 없어 보였다.

하지만 문제는 늘 예기치 않은 곳에서 발생하는 법. 기세등등하게 서진을 계속하던 출애굽 공동체는 예루살렘에서 북쪽으로 16km쯤 떨어진 곳에 있던 구릉 지대의 성읍 아이(Ai)에 이르렀다.

사령관 여호수아는 정탐꾼을 보냈고, 정탐꾼들은 돌아와 큰 힘을 들이지 않아도 아이 성쯤은 정복할 수 있다고 호기롭게 보고했다. 여호수아는 3천 명의 군사를 보내 아이 성을 치게 했다. 고고학적 발굴에 의하면 실제로 이 성읍이 수용할 수 있는 인구는 고작해야 1천 명 정도였다니 전술적으로 보아도 꽤 적절한 조치였던 것 같다. 하지만 결과는 패배였다. 최초로 경험한 패전으로 말미암아 사람들의 가슴은 오그라들었고, 여호수아도 예외는 아니었다. 그는 슬퍼하면서 옷을 찢고, 하나님의 궤 앞에서 얼굴을 땅에 대고 엎드려 저녁때까지 있었다. 장로들도 그를 따라 슬픔에 젖어 머리에 먼지를 뒤집어썼다.

마침내 여호수아가 입을 열어 하나님께 여쭙는다. 이번 패전으로 인해 주변 부족들은 자기들을 만만하게 여길 것이 분명하다면서, 주님의 명성을 어떻게 지킬 것이냐는 것이었다. 여호수아는 패전의 책임이 하나님께 있다는 식으로 불퉁거렸지만, 하나님은 패전의 책임이 백성에게 있다고 말씀하신다.

"이스라엘이 범죄하여 내가 그들에게 명령한 나의 언약을 어겼으며 또한 그들이 온전히 바친 물건을 가져가고 도둑질하며 속이고 그것을 그들의 물건들 가운데에 두었느니라"(수 7:11).

누군가가 하나님께 돌려야 할 것을 사취했던 것이다. 전리품을 나누어 갖는 것이 고대인들의 관습이지만, 히브리인들은 그것을 불경한 행위로 보았다. 그들은 전쟁을 수행하는 것은 인간이지만, 그 승패는 하나님께 달려 있다고 믿었다. 왕들은 출정하기에 앞서 예언자들이나 샤먼을 통해 신의 뜻을 물었다. 이것은 성경에서도 자주 등장하는 모티프다. 전쟁에서 승리를 거둔 신은 다른 신들에게 속해 있던 것들을 태워 없앰으로써 자신의 지배권을 확고히 할 것을 요구했다. 소위 절멸 규정이 그것이다. 그런데 누군가가 그 규정을 어김으로써 공동체 전체가 위기에 빠진 것이다.

문제의 뿌리를 제거하지 않고는 어떤 승리도 기약할 수 없음을 알게 된 여호수아는 그 죄인을 찾기 위해 지파별로 사람들을 소집하고 제비를 뽑도록 했다. 그 원시적인 과정을 거쳐 마침내 아간(Archan)이 범인임이 밝혀졌다. 여호수아는 아간에게 자초지종을 묻는다. 아간은 순순히 자기의 범죄를 자백한다. 전리품 가운데서 시날 지역에서 수입해 온 외투 한 벌, 은 이백 세겔, 오십 세겔 나가는 금덩이를 하나 숨겼다는 것이다. 1세겔이 11.5g 정도 되니까 은 이백 세겔이면 2.3kg이 되고, 오십 세겔 나가는 금덩이는 약 575g이니까 지금으로 치면 약 153돈에 해당한다. 그 물건을 보는 순간 그의 도덕적 자아는 눈을 감았고, 하나님을 속일 수 없다는 엄중한 사실조차 떠오르지 않았던 것이다.

인간은 모순 속에 있는 존재다. 인간의 마음은 천사와 악마의 투기장이라고 하지 않던가? 그가 유난히 나쁜 사람 혹은 욕심 사나운 사람이라고 볼 수는 없다.

"인간은 본질적으로 분열 속에 있는 존재입니다. 그는 야수도 아니지만 천사도 아닙니다. 그러나 그는 한편에서는 야수와 같은 존재이기도 하고, 다른 한편에서는 천사와 같은 존재이기도 합니다. 우리가 자연적 욕망과 충동의 지배 아래 있을 때, 우리는 야수와 다를 것이 없습니다. 그러나 우리가 양심의 지배 아래 있을 때, 우리는 천사와 같은 존재입니다. 우리 속에 내재해 있는 이 두 가지 본성은 결코 최종적인 화해에 도달하지 않습니다. 그리하여 우리의 내면이란 영원한 싸움터와도 같습니다. 그것은 자연적 욕망과 양심이 끝없이 부딪치는 싸움터인 것입니다."[2]

아간은 자연적 욕망과 충동의 지배 아래 있던 인간일 뿐이다. 그 아름다운 물건들을 보는 순간 그의 양심은 작동하기를 멈췄다. 하나님께 속한 것을 사유화하려는 욕심이 결국은 출애굽 공동체 전체에 큰 해를 끼쳤다. 그는 자기도 모르는 사이에 백성을 괴롭히는 자가 되었다. 사람들은 그를 아골 골짜기로 끌고 가 돌로 쳐 죽였다. 이야기의 주인공인 아간의 이름은 '괴롭히다'는 뜻의 아갈과 유사하고, 그가 죽은 '아골' 골짜기도 고통이라는 뜻을 담고 있다. 아골 골짜기는 백성들에게 아간의 죽음과 맞물려 고통스런 기억을 상기시키는 장소로 각인되었을 것이다. 또 그의 이름은 한 개인의 탐심이 한 공동체에 얼마나 큰 해악을 끼칠 수 있는지를 상기시키는 역사적 이름이 되었다.

탐욕, 허위의식

오늘의 관점에서 보자면 지나친 처벌처럼 보일 수도 있겠다. 하지만 출애굽 공동체의 정체성을 형성해 가는 비상한 시기에 벌어진 이 사건은 미지근하게 처리될 수 없었다. 초대교회에서 벌어진 한 사건도 이와 유사하다. 성령의 능력 안에서 살던 초대교인들은 사람들 사이에 드리워졌던 분열의 장벽들이 허물어지는 감격을 목도했다. 사람들은 공동체를 위해 기꺼이 자기들의 재산을 내놓았고, 필요에 따라 나누었다. 아나니아와 삽비라도 그 행렬에 동참했다. 자기 재산을 처분하여 사도들의 발 앞에 놓았다.

그러나 그들은 재산 가운데 일부를 숨겼다. 자기들의 미래를 위해 최소한의 안전장치를 마련하고 싶었던 것이다. 어떻게 보면 이성적인 조치일 수도 있다. 문제는 그들이 그 사실을 숨기고 마치 가져온 것이 전부인 양 처신했다는 것이다. 그들을 악하다 규정할 수는 없다. 그들은 허영심의 노예일 뿐이다. "허영이란 자신의 참된 가치, 즉 마음속 공평한 관찰자가 자신에게 주는 평가보다도 높은 평가를 세상에 요구하는 것이다."[3] 불확실한 미래에 대한 두려움을 허영심과 결합시킴으로 그들은 파멸의 운명을 맞았다.

두려움은 누구에게나 있다. 지그문트 바우만(Zygmunt Bauman)은 사람들이 느끼는 공포에는 세 가지 이유가 있다고 말한다.

"첫째는 (예나 지금이나 앞으로나) 무지다. 이것은 미래에 무슨 일이 닥칠지, 어떤 종류의 불행이 어디에서 닥칠지, 그것이 우리에게 얼마나 큰 상처를 입힐지 등에 대한 무지다. 둘째는 (예나 지금이나 앞으로나) 무기력이다. 이것은 불행이 닥쳤을 때 그것을 피하거나 막기 위해 우리가 할 수 있는 것이 아무것도 없다는, 없는 것과 다름없다는 의구심이다. 셋째는 (예나 지금이나 앞으로나) 앞의 두 이유에서 파생하는 굴욕감이다. 이것은 우리가 할 수 있는 것들조차 제대로 하지 않았다는, 불행에 따른 손상의 많은 부분이 신호를 제때 탐지하지 못한 우리 자신의 부주의, 지나친 꾸물거림, 게으름, 의지 부족 때문이라는 사실이 밝혀졌을 때 우리의 자존심과 자신감이 입게 되는 상처다."[4]

무지, 무력감, 굴욕감을 탓할 수는 없다. 무정한 세상, 각자도생을 요구받는 사회에서 오래 살다 보면 자기도 모르는 사이에 공포가 내면화된다. 경쟁을 삶의 원리로 삼는 이들이 늘어날수록 공동체적 연대(solidarity)는 느슨해지고, 존재론적 쓸쓸함(solitary)이 우리 삶을 확고히 포박한다. 서로에 대한 환대(hospitality)의 마음이 흐릿해질 때 적의(hostility)가 슬며시 우리 의식을 장악한다. 세속적 지혜는 살기 위해서는 자기 나름의 방책을 마련해야 한다고 가르친다. 그렇다면 경쟁은 인간의 본능에 속한 것일까? 칠레의 경제학자인 만프레트 막스 네프(Manfred Max Neef)는 그렇지 않다고 말한다.

"산업 국가나 서구인들이 어긋나 있는 점은, 경제적 맥락에서의 경쟁을 항상 바람직하게 보는 강박관념입니다. 서로 연대하지 않으면 살아남지 못하는 문화 덕분에 지금껏 인류가 존속하고 발전했다는 사실을 우리는 까맣게 잊어버렸습니다. 탐욕과 경쟁은 한참 뒤에 생겨난 개념입니다."[5]

비본래적인 것이 본래적인 것을 몰아내고 있다. 아간은 하나님께 속한 것을 사유화함으로 공동체를 위험에 빠뜨렸고, 아나니아와 삽비라는 허위의식을 작동시킴으로 초대교회를 내적으로 뒤흔들었다. 출애굽 공동체와 초대교회가 그들의 행위를 가혹할 정도로 엄중하게 다룬 것은 누구라도 그런 위험한 유혹에 넘어갈 수 있다는 사실을 잘 알았기 때문이다.

'아간'들의 나라

아간류(類)의 사람들은 어디에나 있다. 공적인 것을 사유화함으로 부를 축적하고 그 부를 통해 권력까지 누리는 이들이다. 공적 자금을 유용하는 이들, 방산 비리를 저지르는 파렴치한 사람들, 개발 정보를 미리 얻어 땅을 구입해 막대한 이익을 추구하는 사람들이 어쩜 이리 많을까. 권력형 비리를 저지른 이들이 아주 경미한 처벌만 받고 사회로 복귀하는 모습을 반복적으로 보았기에 사람들은 사회 정의를 믿지 않는다.

세상의 소금이어야 할 종교도 마찬가지다. 기독교에만 국한시켜 말해도 마찬가지다. 교회가 자기 확장에 여념이 없고, 공적인 일에 무관심할 때 아간류의 사람들은 즐겁게 교회로 숨어든다. 자정 능력을 잃어버린 교회를 세상은 더 이상 신뢰하지 않는다. 교단법에 의해 금지된 일을 해도 그가 막대한 물적·인적 자원을 동원할 수 있는 사람이라면 면벌부를 주는 현실, 꿩 잡는 게 매라는 식의 성과주의가 양심의 숫돌이어야 할 종교조차 타락시키고 있다. 자칫 잘못하면 교회는 기브롯 핫다아와, 곧 탐욕의 무덤(민 11:34)으로 전락할 수도 있다. 두려운 일이다.

아간류의 사람들이 부끄러움도 죄책감도 없이 판을 치는 시대는 살 만한 시대가 아니다. 자기 욕심을 채우기 위해 공동체의 안위는 아랑곳하지 않는 파렴치한 이기심이 시대의 대세가 되어 우리는 인정의 황무지를 걷고 있다. 부동산 불패 신화에 기대어 불로소

득을 노리는 사람들, 개발 이익을 독점하는 사람들, 투기 자본을 활용하여 가난한 이들의 재산마저 야금야금 먹어 치우는 사람들, 그들의 눈에는 자기 땅에서 유배당한 이들의 피눈물이 보이지 않는 모양이다. '노블레스 오블리주'(noblesse oblige)란 사회적으로 높은 지위에 있는 사람들은 그에 걸맞은 도덕적 의무를 다해야 한다는 말이다. 돈 많은 사람들, 많이 배운 사람들, 지위가 높은 사람들… 그들은 자기들이 누리는 많은 것들이 다른 이들의 희생을 통해 얻어진 것임을 알아야 한다. 그 고마움을 모르면 사람이 아니다. 가진 것, 배운 것을 필요한 이들에게 그저 나누어 주려는 마음이 있어야 참사람이다.

아간류의 사람들은 남을 배려할 줄 모른다. 저 좋을 대로 살 뿐이다. 말장난이지만 '아간'은 '악한'(惡漢)이다. 그들은 영적인 미숙아들이라 할 수 있다. 그들에게는 공공성에 대한 의식이 없다.

전철역에서 빌려 주는 우산이 채 몇 주가 지나지 않아 다 사라지고 만다는 소식이 들려온다. 공적 공간을 사적으로 전유해 버리는 일도 많다. 지하철이나 버스 안에서 큰 소리로 전화 통화를 하거나, 디엠비를 크게 튼 채 텔레비전을 시청하는 이들, 낯 뜨거운 애정행각을 벌이는 이들도 있다. 남 눈치 보지 않고 살겠다는 결의는 장하지만, 그들이 다른 이들의 심령에 가하는 폭력은 심각하다. 공동체를 위해 자기 자신을 제한할 줄 아는 것이 교양이고 믿음이다. "현대 사회의 특이한 병리 현상은 마땅히 공동체 모두의 것이 되어야 할 것을 사유화한다는 사실이다."[6]

새로운 연대를 향하여

아간류의 사람들이 늘어나고 있다. 그렇다고 하여 그런 이들을 백안시하거나 경멸할 수도 없다. 삶이 그만큼 불안해졌다는 방증이기 때문이다. 욕망은 점점 커지고, 그 욕망을 충족할 수 있는 방법은 마땅치 않다. 일확천금을 꿈꿔 보지만 그것은 언제나 남의 일일 뿐이다. 경쟁에서 한번 밀려나면 결국 영원히 주변인이 될 수밖에 없다는 공포가 사람들을 지배한다. 살아남기 위해서는 어떻게든 버텨야 한다. 애써 견디며 사는 동안 타자를 위한 마음의 여백은 줄어든다. 악순환의 굴레를 벗어날 길이 없다. 남들보다 잘살지는 못해도 남보다 못살기는 싫다. 안식이 없는 것은 당연하다.

김종철 교수는 "'생활 수준'이라는 것이 얼마나 어리석고 범죄적인 개념인가를 생각해야"[7] 한다고 말한다. "우리가 맹목적으로 추구해 온 '생활 수준'의 향상이라는 것은 결국 우리의 자립적인 생존의 항구적인 기반을 망가뜨리는 데 기여해 왔고, 나라 안팎의 사회적 약자들의 희생을 강요해 왔으며, 또한 우리의 진실한 내면적인 삶을 황폐시키는 데 이바지해 왔다"[8]는 것이다.

풍요로움을 인생의 목표로 정하는 순간 모든 인간적인 가치들은 뒤로 밀리고, 고립은 심화될 수밖에 없다. 인간의 가장 믿음직한 생활방식인 협동의 삶, 연대의 삶은 호사가들의 허영심처럼 취급되기도 한다. 아간들의 나라에서는 의초로운 평화도 살가운 생명도 깃들 곳이 없다. 몰강스럽고 시뜻한 현실만 남을 뿐이다. 하지만 현실이 그러하다 하여 연대의 가치가 퇴색하는 것은 아니다. 누가 뭐래도 생명은 서로 이어져 있고, 평화란 어떤 경우에도 포기될 수 없는 가치이기 때문이다.

평화로운 세상, 생명이 넘실거리는 세상은 우리 가운데서 유배된 자비를 다시 회복할 때 가능하다. 영성 신학자인 매튜 폭스(Matthew Fox)는 자비심은 "우리 모두의 상호 관계성을 깨달음으로써 발동된다"[9]고 말한다. 자비는 일체감에 대한 자각에서 비롯되는 삶의 태도이기 때문이다. 매튜는 더 나아가 자비란 정의를 구현하고, 긍휼을 실천하는 것이며, 자기도취적인 것이 아니라 공적인 것이라고 말한다. 그러나 자비의 가장 중요한 특색은 뭐니뭐니 해도 '축제'와 '슬픔'이다. 다른 이들과 더불어 삶을 경축하려는 마음 그리고 서로의 아픔을 나누려는 마음이야말로 자비라는 말이다.

아간류의 사람들은 다른 이들과 더불어 삶을 경축하려 하지 않는다. 행복은 나눌 수 없다고 여기기 때문이다. 다른 이들과 더불어 향락을 누리는 이들은 많다. 하지만 존재의 심연에서 우러나오는 친밀함을 바탕으로 축제를 즐기는 이들은 많지 않다. 우리 시대가 풍요로움 속에서도 빈곤한 것은 이 때문이다.

아간은 자기에게 최선이라고 생각되는 것을 택했지만 그것이 곧 죽음으로 이어질 줄은 몰랐을 것이다. 아간이 죽임을 당한 아골 골짜기는 우리에게 가장 무섭고 황량한 곳으로 이미지화되어 있다. 찬송가 323장(부름 받아 나선 이 몸)은 '아골 골짝 빈들'이라는 은유를 통해 부름 받은 이들이 처하게 될 극한의 상황을 드러내고 있다. 하지만 예언자들은 그 아골 골짜기를 희망이 시작되는 곳으로 선언한다. 바벨론 포로기에 활동했던 익명의 예언자는 이스라엘의 회복을 말하면서 "사론은 양 떼의 우리가 되겠고 아골 골짜기는 소 떼가 눕는 곳이 되어 나를 찾은 내 백성의 소유"(사 65:10)가 될 것이라고 말한다. 호세아는 백성을 향한 주님의 사랑이 지속될 것임을 예고하면서 "아골 골짜기로 소망의 문을 삼아 주리니 그가 거기서 응대하기를 어렸을 때와 애굽 땅에서 올라오던 날과 같이 하리라"(호 2:15)는 주님의 말씀을 전한다.

절망의 자리가 아니라면 어디서 희망을 말하겠는가? 아간의 탐욕으로 말미암아 공동체가 겪었던 시련을 상기시키는 곳이야말로 새로운 역사의 출발점이 아니겠는가? 세상을 낯선 곳, 위험한 곳으로 인식하는 '아간'들에게 필요한 것은 이웃이다. 넘어지면 일으켜 주고, 뒤처지면 기다려 주면서 더디다 못났다 탓하지 않는 사람, 불확실한 삶에 대한 두려움을 달래 주고 조각난 마음을 기워 주는 사람, 하나님을 신뢰하도록 부추기는 사람 말이다. 라이너 마리아 릴케(Rainer Maria Rilke)는 치유받은 마음을 신에게 바치며 이렇게 노래한다. 이것이 우리의 노래가 되었으면.

나의 치욕의 모든 조각들을 꿰매어/이제 나는 다시 복구되었습니다/이제 나를 마치 사물처럼 바라볼/하나의 유대(紐帶), 합일된 오성을/그리고 당신의 가슴의 그 위대한 손을/나는 갈망합니다/(오 그 손이 나를 향해서 다가와 준다면)/나의 신이여, 나는 스스로를 헤아립니다, 그리고 당신/당신은 나를 마음대로 사용할 권리가 있습니다[10]

주

1. 아브라함 요수아 헤셸,《누가 사람이냐》, 이현주 옮김, 종로서적(1996년), p.137
2. 김상봉,《호모 에티쿠스》, 한길사(2000년), pp.276-277
3. 도메 다쿠오,《지금 애덤 스미스를 다시 읽는다》, 우경봉 옮김, 동아시아(2015년), p.78
4. 지그문트 바우만 · 레오니다스 돈스키스,《도덕적 불감증》, 최호영 옮김, 책읽는수요일 (2015년), p.174
5. 게세코 폰 뤼프케 · 페터 에를렌바인 엮음,《희망을 찾는가》, 김시형 옮김, 갈라파고스 (2011년), p.99
6. 스탠리 하우어워스 · 윌리엄 윌리몬,《십계명》, 강봉재 옮김, 복있는사람(2007년), p.162
7. 김종철,《간디의 물레》, 녹색평론사(1999년), p.165
8. 김종철, 앞의 책, p.164
9 매튜 폭스,《영성-자비의 힘》, 김순현 옮김, 다산글방(2002년), p.37
10. 라이너 마리아 릴케,《기도시집 외》, 김재혁 옮김, 책세상(2000년), p.382

자기 의라는 질병

06

우리는 왜 영웅 이야기에 열광할까?

신화라고 번역되는 '미토스'는 사실 단순히 '이야기'라는 뜻이다. 사람들은 이야기를 참 좋아한다. 이야기는 사람을 만들고, 사람은 또 다른 이야기를 낳는다. 지금의 나는 따지고 보면 지금까지 들어왔던 이야기가 체화된 존재인지도 모르겠다. 어떤 이야기를 듣고 사느냐가 곧 우리 인생을 결정할 수도 있다. 널리 회자되고 있는 알래스데어 매킨타이어(Alasdair Macintyre)의 말이 참 크게 다가온다. 그는 "'나는 무엇을 해야 하는가?'라는 질문은 '나는 어떤 이야기, 혹은 어떤 이야기들의 일부로 존재하는가?'라는 더 앞선 질문이 해명될 때에만 비로소 대답될 수 있다"고 말했다.

    신화는 신들의 이야기이지만 실은 이상화된 인간의 이야기이기도 하다. 신화 속의 신들은 인간이 도달하기를 바라는 가장 높은 '아레테'(aretê), 곧 탁월함을 구현한 인물들의 상징이거나, 인간이 도달하기 어려운 압도적인 힘 혹은 능력을 의인화한 존재다. 따라서 신화에 주목하는 것은 거짓 신들을 비판하기 위해서가 아니라 인간의 욕망과 두려움을 이해하기 위한 방편이다. 신화는 신들의 이야기이기도 하지만 영웅들의 이야기도 내포한다. 신들의 세계와 영웅의 세계 사이의 경계가 불분명하기 때문이다.

나는 잠시 테세우스라는 영웅의 이야기에 주목하려고 한다. 그의 아버지 아이게우스는 아테네의 왕이다. 아들을 얻고 싶어 델포이 신전에 올라갔다가 "그대가 왕 노릇하는 땅에 이르기까지는 술 항아리 마개를 열지 말라. 불연(不然)이면 아이게우스의 아들을 보리라"[1]는 신탁을 받게 된다. 아들을 얻으리라는 신탁을 받고 나서 그는 흥을 이기지 못해 트로이젠 왕인 피테우스와 더불어 질펀한 술잔치를 벌인다. 그리고 쓰러져 잠이 든다. 피테우스는 해신 포세이돈의 아이를 잉태한 자신의 딸 아이트라 공주를 슬그머니 그의 발치에 밀어 넣는다. 잠에서 깨어난 아이게우스는 당황했지만 아이트라에게 아들을 얻게 되면 자기에게 보내라면서, 신표 둘을 객사의 댓돌 아래 숨겨 둔다. 그것은 칼 한 자루와 갖신 한 켤레였다. 그 댓돌은 장사 서넛이 힘을 합쳐도 들어 올릴 수 없겠지만 아이게우스의 아들이라면 능히 찾을 수 있을 거라는 말도 덧붙였다.

아이게우스와 아이트라 사이에서 태어난 아들이 바로 테세우스다. 테세우스는 어릴 때부터 영웅의 면모를 보였다. 마침내 그가 열

여섯 살이 되었을 때, 그는 어머니의 말을 따라 댓돌을 들어 올리고 아버지의 신표를 찾아낸다. 그리고 아버지의 칼을 옆구리에 차고, 아버지의 갓신을 신고는 아버지를 찾아 길을 떠난다. 집을 떠나고, 시련을 이겨 내는 것이야말로 모든 영웅 신화에 등장하는 보편적인 요소다. 사람들이 영웅 이야기에 그렇게도 집착하는 까닭은 그들의 이야기를 내면화함으로써 우리 인생길에서 만나는 수많은 난관을 돌파하고 싶기 때문이다. 조금 납작해졌다고는 해도 사람들의 가슴에는 영웅적 상승 의지가 깃들어 있다.

성경 이야기도 크게 다를 바 없다. 갈 바를 알지 못하고 떠났던 아브라함의 이야기가 그렇고, 출애굽 공동체 이야기도 그러하다. 그들의 신산스러운 삶의 이야기를 읽고 들으며 사람들은, 시련의 풍랑에 속절없이 떠밀리던 자기 삶의 자세를 바로잡게 된다.

우리 안의 프로크루스테스 침대

다시 테세우스의 이야기로 돌아가면, 테세우스는 여섯 가지의 시련을 겪어 낸다. 한결같이 사람을 괴롭히고 죽이는 무도한 자들과 맞서는 일이다. 그가 마지막으로 만난 괴인은 프로크루스테스다. 아테네로 들어가는 길목에 주막을 차려 놓고는 나그네들을 죽이는 괴물이다. 그의 집에는 철침대가 하나 있었는데, 나그네들을 그 침대에 눕혀 놓고는 침대보다 크면 크다고 작으면 작다고 쇠메로 그 몸을 두들겨서 죽였다. 그의 이름도 '두들겨서 펴는 자'라는 뜻이다. 그의 본명인 다마스테스는 '정복자'라는 뜻과 아울러 '쇠메'라는 뜻도 있다고 한다. 그의 침대 혹은 모루 위에 눕혀진 사람은 누구나 죽을 수밖에 없었다.

인정하고 싶지 않겠지만 우리 안에도 프로크루스테스의 침대가 있다. 사람들은 누구나 자기 기준에 따라 다른 사람들을 평가하고 재단한다. 세상 어디에도 내 기준에 딱 부합하는 사람은 없다. 이 사람은 이래서 문제고, 저 사람은 저래서 문제라고 비평한다. 나는 프로크루스테스의 침대를 '스스로 기준이 되려는 욕망'이라고 번역하고 싶다.

여기서 잠깐 에덴동산으로 돌아가 보자. 하나님은 인류의 첫 사람을 이끌어 에덴동산에 두시고, 땅을 경작하고 지키라 하셨다. 그리고 한 가지를 신신당부하셨다. "동산 각종 나무의 열매는 네가 임의로 먹되 선악을 알게 하는 나무의 열매는 먹지 말라 네가 먹는 날에는 반드시 죽으리라"(창 2:16-17). 선악을 알게 하는 나무의 열매가 무엇인지 굳이 특정할 필요는 없다. 다만 그 나무 열매가 '선악을 알게' 한다는 말에 주목해야 한다. 나중에 유혹자 뱀은 "너희가 그것을 먹는 날에는 너희 눈이 밝아져 하나님과 같이 되어 선악을 알 줄 하나님이 아심이라"(창 3:5)고 말한다.

인간의 타락 사건을 전락이 아닌 성숙, 곧 도덕적 주체의 탄생으로 보는 철학자들도 있기는 하다. 이것도 깊이 생각해 볼 주제다. 하지만 나는 선악과를 따먹은 이들 속에 잠재된 욕망에 주목하고 싶다. 하나님과 같이 되려는 욕망 말이다. 그것은 경계를 넘는 일이다. 선악을 판단하는 것은 도덕적 주체의 마땅한 책임이지만 모든 것이 착종되어 있는 세상에서 선과 악을 가른다는 것은 그렇게 만만한 일이 아니다. 지금은 선으로 여겨지는 것이 나중에는 악으로 판명날 수도 있고, 그 반대 역시 마찬가지다. 선한 뜻으로 한 일이 누군가에게 씻을 수 없는 상처를 안겨 주기도 한다. 인생이 조심스러운 것은 그 때문이다. 선악에 대한 궁극적인 판단은 하나님께 맡겨야 한다. 유한성 속에 갇힌 인간이 궁극적 판단의 주체가 되려는 것 자체가 타자에 대한 지배의 욕망이 아닐까?

예수도 비유를 통해 이런 현실을 지적하신 적이 있다. 밀밭에 자란 가라지 비유(마 13:24-30)가 그것이다. 일꾼들이 "우리가 가서 이것을 뽑기를 원하시나이까" 하고 묻자 주인은 그냥 내버려 두라고 한다. 가라지를 뽑다가 곡식까지 뽑을까 염려했기 때문이다. 뿌리가 서로 얽혀 있는지도 모르는 일이다.

그렇다면 사람은 아예 선악을 판단하면 안 된다는 것인가? 물론 그렇지는 않다. 명백한 악을 보고도 모른 체한다면 세상이 어떻게 되겠는가? 내가 주목하고자 하는 것은 선악을 판단하되, 내가 그릇될 수도 있다는 가능성을 열어 두어야 한다는 사실이다. 내 입장, 내 생각, 내 지식, 내 경험을 판단의 척도로 삼을 때 '나'는 타자의 생명을 일그러뜨리지 않을 수 없다.

교회에 암 수술을 받아 목소리를 잃은 교인이 있다. 치열한 노력

끝에 완치 판정을 받았지만 목소리를 되돌릴 수는 없었다. 그분은 예배당에 들어오면 장의자 끝에 앉은 분의 어깨를 툭툭 치며 안으로 들어가 달라는 몸짓을 한다. 사정을 아는 분들이야 그 행동을 이해할 수 있지만 그렇지 않은 분들은 그분의 행동을 몹시 불쾌하게 여긴다. 심지어 그분은 자리에 앉아서 찬송도 부르지 않으니 더 그렇다. 사람들은 어떤 자극도 자기 방식대로 받아들이는 일에 익숙하다. 선과 악, 그것을 일도양단식으로 가를 수 있는 사람은 아무도 없다. 종교인일수록 나는 옳고 다른 이는 그릇되었다는 오류에 빠져들 가능성이 크다.

바리새인의 그늘

두 사람이 기도하러 성전에 올라갔다. 바리새인과 세리다. 바리새인은 서서 따로 기도했다. "하나님이여 나는 다른 사람들 곧 토색, 불의, 간음을 하는 자들과 같지 아니하고 이 세리와도 같지 아니함을 감사하나이다 나는 이레에 두 번씩 금식하고 또 소득의 십일조를 드리나이다"(눅 18:11-12). 우리 속에 형성된 바리새인에 대한 편견을 일단 내려놓고, 이 기도의 언어를 액면 그대로 받아들여 보자. 이 바리새인은 참 경건한 사람이다.

'토색'(討索)의 사전적 정의는 "돈이나 물품을 억지로 달라고 함"(동아새국어사전)이다. 토색질은 그러니까 자기가 가지고 있는 힘이나 지위를 이용해서 상대적으로 약한 처지에 있는 사람에게서 뭔가를 강탈하는 행위다. 이 바리새인은 적어도 토색질로 부를 쌓은 사람은 아닌 것이다. 불의는 하나님이 요구하시는 정의나 공의를 왜곡하거나 무시하는 행위다. 그는 이런 일을 멀리하기 위해 부단히 노력한 사람인 것 같다. 또 그는 간음을 하지 않았다. 충동적인 욕망을 제어하며 신실하게 살려고 노력했던 것이다. 그의 기도 속에서 토색, 불의, 간음하는 이들에 대한 혐오와 멸시를 읽는다면 너무 과민한 반응일까?

칼 구스타프 융(Carl Gustav Jung)은 우리 의식이 억압하여 형성된 무의식의 열등한 인격 혹은 자아의 어두운 면을 '그림자'(shadow)라고 명명했다. 누구에게나 자기를 세상의 중심에 놓으려는 욕망이 있다. 다만 그런 욕구를 조정하거나 완화하면서 살 뿐이다. 그런데 뻔뻔하게도 그런 욕망을 한껏 표출하며 사는 이들을 보면 사람들은 불쾌감을 느끼거나 분노에 사로잡힌다. 자기들 속에 있는 그림자가 그에게 투사된 것을 보았기 때문이다. 지나치게 도덕적인 체하는 사람일수록 그림자가 짙은 경우가 대부분이다.

굳이 이 바리새인이 자기 그림자에 갇힌 사람이라고 말하려는 것은 아니다. 타자와 자기를 비교하면서 자기가 도덕적으로 우위에 있음을 강변하고 싶어 하는 그의 마음이 딱할 뿐이다. 그는 그 성전의 외딴 곳에서 기도하던 세리를 노골적으로 거명하면서 그와 같지 않은 것을 감사하다고 말한다. 나는 남과 다르다는 생각이 그의 삶을 지탱해 주는 닻줄인지도 모르겠다.

자기 삶을 남들과의 차이 혹은 차별을 통해 긍정하려는 이들이 많다. 소비사회의 특징은 바로 '차이 만들기'와 관련된다. 현대인들은 물건의 사용가치보다는 교환가치에 더욱 주목하는 경향이 있다. 남들이 하기 어려운 소비생활을 누림으로 자기 존재가치를 높이고 싶어 하는 것이다. 상징의 소비, 이미지의 소비야말로 현대인들을 현혹하는 세이렌의 노래다.

바리새인의 기도는 노골적인 자기 자랑으로 이어진다. 그는 이레에 두 번씩 금식을 하고 소득의 십일조를 바친다고 말한다. 객관적으로 보면 좋은 신자임이 분명하다. 금식은 유대인들의 경건생활에서 매우 중요한 것이었다. 음식을 끊는다는 것, 그것은 인간의 기본적인 욕구를 차단하는 일이니 결코 쉬운 일이 아니다. 지속적인 훈련과 의지가 필요하다. 십일조 역시 마찬가지다. 예수도 바리새인들이 얼마나 철저했는지를 잘 아셨다. 그래서 박하와 근채와 회향의 십일조를 바치는 그들의 행위를 언급하신 바 있다. 문제는 금식과 십일조가 그들을 더 나은 존재가 되도록 하지 못한다는 데 있다. 제2이사야서는 금식하면서 논쟁하고 다투고 주먹으로 상대를 치는 현실을 보면서 진정한 금식이 무엇인지를 일깨운다.

"내가 기뻐하는 금식은 흉악의 결박을 풀어 주며 멍에의 줄을 끌러 주며 압제당하는 자를 자유하게 하며 모든 멍에를 꺾는 것이 아니겠느냐 또 주린 자에게 네 양식을 나누어 주며 유리하는 빈민을 집에 들이며 헐벗은 자를 보면 입히며 또 네 골육을 피하여 스스로 숨지 아니하는 것이 아니겠느냐"(사 58:6-7).

금식은 음식을 끊는 것만이 아니라, 자기중심성을 끊는 일임을 알 수 있다. 고통받는 이들의 마음을 헤아리고, 그들의 구체적인 필요에 응답하며, 그들의 삶에 연루되기를 꺼리지 않는 것이 진정한 금식이라는 것이다. 비유에 등장하는 바리새인의 금식에는 이런 따뜻함 혹은 슬픔의 공감이 배어 있지 않다. 오직 구별에의 욕망만 번득인다. 불교 용어를 빌려 말하자면 이런 금식은 아만(我慢)과 아상(我相)을 강화해 주는 기제로 작동할 뿐이다. 금식이 오히려 그의 존재의 진전에 장애물이 되었다.

나는 남과 다르다는 생각에 빠지면 어떤 일이 벌어질까? 나와 너를 가르는 장벽을 쌓기 시작한다. 장벽이 높을수록 장벽 너머의 세상은 상상 속에서만 재구성되게 마련이다. 사람들은 눈에 보이지 않는 것들을 두려워한다. 미지의 세계를 우리는 잠재적인 적대감의 공간으로 상상한다. 그렇기에 장벽 너머 세계에 속한 사람들은 위험한 사람, 더러운 사람으로 치부된다. 소통의 단절은 이처럼 세상을 적대적인 공간으로 인식하도록 만든다. 종교의 가장 큰 위험이 여기에 있다. 나는 옳고 너는 그르다는 확신처럼 위험한 것이 어디에 있겠는가? 경건의 외양을 하고 있는 이가 실은 세상을 위험한 곳으로 만들 수도 있다는 사실이 두렵게 느껴진다.

고만고만해도 나름나름 개별적인 사람들

이제 세리의 기도를 살펴보자. 그는 "멀리 서서 감히 눈을 들어 하늘을 쳐다보지도 못하고 다만 가슴을 치며" 말한다. "하나님이여 불쌍히 여기소서 나는 죄인이로소이다"(눅 18:13). 윤동주의 그 유명한 "서시"가 떠오른다.

> 죽는 날까지 하늘을 우러러
> 한 점 부끄럼 없기를
> 잎새에 이는 바람에도
> 나는 괴로워했다

예민한 감성을 지닌 식민지 청년의 아픔이 고스란히 느껴지는 시다. 나는 잎새에 이는 바람에도 괴로워한다는 말을 시적인 과장으로 보고 싶지 않다. 그런데 '하늘을 우러러 한 점 부끄럼 없기를 바란다'는 구절은 실은 맹자에 나오는 말로 군자삼락 가운데 하나다. 부모가 구존하여 계시고 형제가 무고한 것, 천하의 인재를 얻어 교육을 시키는 일, 그리고 하늘을 우러러 부끄러움이 없고 구푸려 사람에게 부끄러움이 없는 것(仰不愧於天 俯不怍於人)이 군자가 누릴 수 있는 즐거움이라는 것이다.

어떤 단어 하나 혹은 문장 하나가 우리 삶의 길을 밝히는 불빛이 될 때가 있다. 윤동주에게는 바로 '하늘을 우러러 부끄러움이 없다'

는 구절이 그랬던 것 같다. 시인답게 그는 '한 점'이라는 단어를 추가함으로 자신의 결연한 태도를 드러낸다.

그러나 비유에 등장하는 세리는 감히 하늘을 쳐다보지도 못한다. 떳떳한 삶을 살지 못했다는 자책 때문일 것이다. 그가 어떻게 유대인들이 멸시하는 세리가 되었는지는 알 수 없다. 로마의 식민지로 전락한 이스라엘 사람들을 괴롭힌 건 이방인의 지배를 받는다는 민족적 굴욕감만은 아니었다. 자기들을 지켜 줄 힘이 없어 보이는 하나님에 대한 원망과 상실감이 무엇보다 컸을 것이다. 그러나 그보다 그들을 더 괴롭힌 것은 가혹한 수탈이었다.

로마는 관료들을 보내 식민지 백성들로부터 무거운 세금을 거둬 갔다. 토지세와 인두세는 산헤드린에 위탁해서 징수했고, 통행세와 관세는 세리들을 통해 거두었다. 로마는 입찰을 통해 최고액을 제시한 세리장들에게 관할 지역의 징수를 맡겼다. 누가복음 19장에 등장하는 삭개오가 바로 그런 세리장이다. 세리장은 세리들(telones)을 고용하여 도로, 강, 성문 곁에서 통행세와 관세를 거뒀다. 법적 관세율은 2.5%에 불과했지만 규정대로 시행되는 경우는 많지 않았다. 입찰을 받기 위해 많은 금액을 써낸 세리장들은 자기들의 이익까지 확보해야 했기에 세리들을 통해 터무니없이 많은 세금을 거두었다. 그들은 허락받은 강도나 다를 바 없었다. 회개하라는 외침을 듣고 나와 우리가 무엇을 해야 하느냐고 묻는 세리들에게 세례 요한은 "부과된 것 외에는 거두지 말라"(눅 3:13)고 말했다. 이 말은 세리들의 늑

탈이 얼마나 심했는지를 반영한다.

유대인들은 로마에 내는 세금 외에도 각종 종교세 납부의 의무를 지고 있었다. 첫 열매 세금, 제사장과 레위인들의 생계를 위해 바치는 십일조, 다양한 목적으로 사용되는 십일조, 성전세 등 종교세 부담만으로도 그들의 허리가 휠 지경이었다. 예수 당시의 성전은 막대한 부를 축적하고 있었다. 일종의 중앙은행 구실을 할 정도였다.

외경인 마카베오서 하권에 보면 베냐민 지파 출신으로 성전 관리 책임자였던 시몬이 도성의 운영과 관련하여 대사제와 의견 충돌이 벌어지자, 그는 당시 시리아와 페니키아의 총독이던 아폴로니우스에게 가서 예루살렘의 금고에는 엄청나게 많은 돈이 있어 그 액수를 헤아릴 수 없는데, 그 돈은 희생제물에 드는 비용이 아니기에 임금의 권한 아래 둘 수 있다고 말한다. 아폴로니우스는 임금에게 가서 그 소식을 전했고, 임금은 행정관인 헬리오도로스를 보내 그 돈을 가져오라고 명령한다. 돈의 행방을 묻는 그 관료에게 대사제는 "금고의 돈이 일부는 과부와 고아들을 위한 기금이고, 일부는 토비야의 아들로서 높은 지위에 있는 히르카노스의 기금"이라면서, "그 돈은 다해서 은 사백 탈렌트와 금 이백 탈렌트밖에 안 된다"(마카베오 하 3:10-12)고 말한다. 사실 이 돈은 막대한 것이었다.

이야기의 귀추와 관계없이 내가 주목하는 것은 '히르카노스의 기금'이라고 명명된 돈이다. 그것이 어떤 용도로 사용되었는지는 알 수 없지만, 그는 수탈이나 약탈로부터 자기 재산을 지켜 내기 위해 성전에 위탁해 놓았던 것으로 보인다.

성전에는 이래저래 돈이 많다. 예수께서 성전을 가리켜 강도의 굴혈이라 하셨던 것은 이런 상황과 무관하지 않다. 주님은 종교를 이용해 막대한 돈을 벌어들이는 현실에 분노하셨던 것이다. 성전 체제는 식민지 당국에 세금을 뜯기고는 먹고살 길이 막막해 종교세를 내지 못하는 이들에게 '부정한 자' 혹은 '죄인'이라는 낙인을 찍었다.

이런 상황이었으니 세리가 사람들의 증오의 표적이 되는 것은 어쩌면 당연한 일인지도 모르겠다. 그런데 사람들은 왜 그런 증오를 무릅쓰고 세리가 되었던 것일까? 돈 욕심 때문이라고 말하면 간편하긴 하지만, 세상이 그렇게 단순하지만은 않다. 핑계 없는 무덤은 없다는 말도 있듯이 저마다 사정이 있었을 것이다.

일전에 동일본 대지진과 해일이 수많은 목숨을 앗아 갔을 때, 일본의 어느 작가는 이 사건을 두고 수많은 사람이 죽은 단일한 사건이 아니라, 수만 명의 개별적인 사람이 죽은 수만 개의 사건이라고 말했다. 똑같은 사건을 보아도 보는 각도에 따라 사건의 의미가 전혀 다르게 보인다. 톨스토이(Lev Tolstoy)의 《안나 카레니나》는 "행복한 가정은 모두 고만고만하지만 무릇 불행한 가정은 나름나름으로 불행하다"[2]는 말로 시작된다. 세리가 세리를 직업으로 선택하게 된 사연도 다양할 것이다.

비유 속에 등장하는 세리는 자기의 처지를 한탄한다. 세리로 살아가는 삶이 부끄러운 것이다. 그래서 감히 눈을 들어 하늘을 쳐다보지도 못한 채 자기 가슴을 북처럼 두드린다. 그가 하는 말은 단순하다. "하나님이여 불쌍히 여기소서 나는 죄인이로소이다." 동방교회가 전승해 온 예수의 기도(Jesus prayer)와 거의 유사하다. 그 기도 이후에 그의 삶이 새로워졌는지는 모르겠다. 다만 기도를 제대로 드렸다면 이전의 생활을 지속할 수는 없었을 것이다. 의문이 남기는 하지만 예수는 바리새인과 세리 가운데 의롭다 함을 받고 집으로 돌아간 것은 세리라고 말씀하신다. 그리고 이어 이야기를 이렇게 마무리하신다. "무릇 자기를 높이는 자는 낮아지고 자기를 낮추는 자는 높아지리라"(눅 18:14b).

'낯선 너'에게 손 내밀기

이쯤 되면 이 비유에 대해서 다 말한 것일까? 조금 발칙하지만 나는 이의를 제기하고 싶다. 사실 우리에게 상처를 주는 것은 비유 속의 바리새인처럼 노골적으로 자기 의를 드러내는 이들이 아니다. 그들의 정직한 자기 노출은 오히려 측은한 느낌을 자아낸다. 문제는 가장 겸손의 외양을 하고 있지만 내심으로는 자기 의에 사로잡힌 사람들이다.

내가 교회에 처음 나갔을 때 견딜 수 없었던 것은 연세 지긋하신 어른들의 태도였다. 교우들을 대표해서 기도할 때 그들이 사용하는 상투어가 반발심을 불러일으켰다. "버러지만도 못한 이 죄인을 용서해 주십시오", "주홍빛보다 더 붉은 우리 죄를 용서해 주십시오." 그런 기도 자체를 부정하려는 것은 아니다. 그렇게 기도하시는 분들이 일상생활에서는 전혀 다른 모습으로 변신했기 때문이다. 사람들 위에 군림하려 했고, 함부로 가르치려 했다. 그들은 '버러지'가 아니었다. 젊고 경험도 부족한 사람들이 버러지였을 뿐이다. 쇠렌 키르케고르(Sören Kierkegaard)도 이런 불유쾌한 상황에 자주 맞닥뜨렸던 모양이다. 그는 이 비유를 해석하면서 세상에는 세리를 본받으면서도 바리새인과 같은 위선자가 있다고 말한다.

> "거만하게 따로 선 바리새인과는 달리 위선적으로 멀리서, 거만하게 하늘을 우러러본 바리새인과는 달리 위선적으로 눈을 내리깔며, 거만하게 자기의 의로움을 감사한 바리새인과는 달리 위선적으로 '하나님이여 불쌍히 여기옵소서, 나는 죄인이로소이다' 하고 탄식하는 위선자가 있는 것입니다."[3]

스스로 의롭다 여기는 이들은 위선의 가면을 바꾸는 법을 배움으로써 점점 더 악해진다. 직업적인 종교인들만 여기에 해당되는 것은 아닐 것이다. 신앙생활에 익숙해져 더 이상 순례자로서의 정체성을 유지하지 못하는 이들은 이런 위장을 통해서라도 자기를 합리화하고 싶어 한다. 말은 공손하지만 그 속에 비수를 감추고 있는 이들이 있다. 한껏 자기를 낮추는 듯하지만 실은 다른 이들을 깔보는 이들이 있다. 밀란 쿤데라(Milan Kundera)의 소설 《이별의 왈츠》에 나오는 미국 사업가 바르틀레프는 자기 속에 있는 욕망을 도덕주의의 외투 속에 숨기고 있는 세태를 비꼬며 이렇게 말한다.

"오래전 한 시닉파 철학자가 코트를 입고 모두들 자기의 인습에 대한 경멸을 찬양하리라는 희망 속에 아테네 주위를 자랑스레 배회했지요. 소크라테스가 그를 만났을 때 이렇게 말했지요. '당신 코트의 구멍을 통해 저는 당신의 자만심을 봅니다. 선생, 당신의 그 더러움 또한 방종이요, 당신의 방종은 더러움이에요'라고."[4]

검소의 상징인 낡은 옷이 오히려 자아를 강화하는 기제로 사용될 수도 있다. 인습적인 삶에 동화되기를 거부하는 자신이 스스로 자랑스러워 우쭐거리는 허릅숭이들이 참 많다. 나의 옳음에 대한 지나친 확신으로 인해 늘 타자를 시정해 주려는 이들도 있다. 미국 교사들의 교사라 불리는 파커 파머(Parker Palmer)는 자기의 신념을 적들에게 '돌'처럼 던지는 일의 무망함을 지적한다. 그는 나의 옳음을 제시하며 다른 이들을 동화시키려 하기보다는 오히려 상대방이 처해 있는 고통의 근원에 다가서는 것이 깊은 소통을 가능케 한다고 말한다.[5] 뚜렷한 소신을 갖고 사는 것을 나무라는 것이 아니다. 주체성 없이 흔들리는 것이 오히려 문제다. 문제는 그 소신이 타자에게 폭력적인 방식으로 작동할 때 발생한다. 정치인들 가운데는 자기 옳음에 대한 확신으로 인해 현실 적응력이 떨어지는 결정을 내리는 경우가 더러 있다.

사회학자인 막스 베버(Max Weber)는 신념의 윤리와 책임 윤리를 구분한다. 신념 윤리가는 의도의 선함을 강조한다. 책임 윤리가는 결과에 대한 신중한 판단을 중시한다. 둘의 차이가 명백하게 드러나는 것은 행위의 결과가 드러났을 때다.

"순수한 신념에서 나온 행위의 결과가 나쁠 경우, 신념 윤리가는 그것이 자신의 책임이 아니라 세상의 책임이며 타인들의 어리석음에 그 책임이 있다거나 또는 인간을 어리석게 창조한 신의 책임으로 본다. 그에 반해 책임 윤리가는 인간의 평균적 결함을 고려한다… 인간의 선의와 완전성을 전제한 어떠한 권리도 없다고 생각한다. 그래서… 자신의 행동의 결과를 다른 사람에게 뒤집어씌울 수가 없다고 믿는다."[6]

신념을 버리자는 말이 아니다. 자기 신념으로 다른 사람을 함부로 재단하지 말자는 얘기다. 자기 확신이 지나치게 강한 사람일수록 타자를 인정하지 않으려 한다. 비유 속에 등장하는 바리새인은 딱한 사람이다. 그는 '거룩'이라는 경계 혹은 장벽 너머의 세계와 소통하는 법을 배우지 못했다. 평범한 행복을 꿈꾸지만 언제부터인가 길에서 벗어나 자책의 시간을 보내고 있는 사람의 아픔을 헤아리지 못하게 되었다. 저만치 떨어진 채 가슴을 치고 있는 세리의 가슴에도 따뜻한 피가 흐르고 있고, 누군가의 인정을 구하는 마음이 있다는 사실을 외면한다.

장벽 너머, 경계 너머를 상상할 줄 아는 능력이 사라질 때 우리는 자기 틀 안에 갇힌 수인이 되고 만다. 아니, 상상만으로는 부족하다. 때로 경계를 넘어서거나 장벽 너머로 발걸음을 옮겨야 한다.

바리새인이 일체의 판단을 배제한 채 세리에게 말을 건넸더라면 어땠을까? 그의 내밀한 삶의 이야기에 귀를 기울였더라면 그에 대한 판단이 달라졌을지도 모른다. 사람은 저마다 자기 삶의 이야기를 써 가는 '저자'(author)이기 때문이다. 물론 어느 누구도 홀로 살아갈 수는 없다. 다른 사람들의 삶의 이야기를 듣고 참조도 하고 자기가 가야 할 길을 가늠하기도 한다. 그러나 어느 누구도 다른 사람이 써 가는 삶의 이야기를 무가치하다고 판단할 권한은 없다. 그런 권한을 위임받은 사람은 아무도 없다. 단절적이고, 뒤죽박죽이고, 지향조차 없는 이야기처럼 보여도 한 존재가 몸으로 써 가는 삶의 이야기를 함부로 부정해서는 안 된다. 따라서 자기를 도드라지게 드러내려고 타자의 삶을 짓뭉개는 일은 허용될 수 없다.

우리 속에는 바리새인도 있고 세리도 있다. 아파하며 긍휼히 여기며 사는 법을 배울 수밖에 없는 이유가 여기에 있다. 윤동주는 부끄러움과 회한의 시간을 보내다가 "쉽게 씌어진 시"를 얻었다. 거기에는 식민지 청년의 자화상이 그려져 있다. 부끄럽고 서럽더라도 살아야 하는 게 인생이다. 번민이 사라진 것은 아니지만 그는 자신에게 화해의 악수를 청한다. "나는 나에게 작은 손을 내밀어/눈물과 위안으로 잡은 최초의 악수." 이 마음이 필요하다. '나'를 향해서만 손을 내밀 게 아니라, 낯선 '너'를 향해서도 손을 내밀어야 한다. 그때 하늘빛이 그 위에 비쳐들지 않겠는가.

주

1) 이윤기,《뮈토스2: 英雄의 시대》, 고려원(1988년), p.219
2) 레프 톨스토이,《안나 카레니나 1》, 박형규 옮김, 문학동네(2017년), p.11
3) 쇠렌 키르케고르, '세리', 기독교사상(1960년 9월호), pp.54-57에서 재인용
4) 밀란 쿤데라,《이별의 왈츠》, 김규진 옮김, 중앙M&B(1989년), p.200
5) 파커 J. 파머,《비통한 자들을 위한 정치학》, 김찬호 옮김, 글항아리(2012년), pp.37-38
6) 박상훈,《정치의 발견》, 후마니타스(2013년), p.60에서 재인용

영생보다 재물

07

"덧없는 영광을 얻으려고 우리의 탁월한 행위들을 드러내도록 강요하는 생각에 맞서: 네 입이 아니라 남이 너를 칭찬하고 네 입술이 아니라 다른 이가 너를 칭찬하게 하여라"(잠언 27:2).[1]

우리들의 자화상

미국 뉴욕에 있는 리버사이드 교회에는 하인리히 호프만(Heinrich Hoffmann)이 1889년에 그린 그림 "그리스도와 부자 관원"이 걸려 있다. 물론 이 그림은 공관복음서(마 19:16-22, 막 10:17-22, 눅 18:18-23)에 공히 소개되고 있는 일화를 바탕으로 한 것이다. 등장인물은 넷이다. 중앙에는 예수가 있고 그 오른쪽으로 부자 청년이 보인다. 왼쪽에는 헐벗은 노인과 상복을 입은 젊은 여인이 있다. 건물 한 귀퉁이 기둥 위로 종려나무 잎으로 엮은 지붕이 보인다. 노인과 여인이 있는 왼

하인리히 호프만: 예수님과 젊은 부자 관원
Heinrich Hoffmann(1824-1911): Christ and the Rich Young Ruler, 1889

쪽 상단에는 노을빛 하늘을 배경으로 저 멀리 산들이 조그맣게 배치되어 있다. 예수의 시선은 젊은이를 향하고 있는데, 그 눈빛이 자못 따뜻하다. 하인리히 호프만은 아마도 예수께서 그를 사랑스럽게 보셨다는 마가복음을 염두에 두었을 것이다. 예수의 시선과 달리 그의 두 손은 왼쪽에 있는 노인을 가리키고 있다.

장식이 많은 화려한 옷차림에 멋진 모자까지 쓴 젊은이의 표정이 시뜻하다. 그는 흔들리는 마음을 감추기 위해서인지 예수의 시선을 애써 회피한다. 슬그머니 뒤로 뺀 오른손은 그 자리에서 벗어나고 싶은 그의 마음을 드러내는 듯하고, 등 뒤 허리께에 얹힌 왼손은 차마 드러내 말하지는 못하지만 예수의 말에 이의를 제기하고 싶은 마음을 드러내는 것 같다. 예수의 두 손과 젊은이의 두 손의 방향은 묘하게 어긋나 있다.

화폭의 왼쪽에 있는 뺨이 홀쭉한 노인은 누더기 옷을 걸치고 있다. 자세히 보면 어깨 밑에 목발을 짚고 있음을 알 수 있다. 다듬지 않은 희끗희끗한 머리는 그의 궁색함을 고스란히 보여 준다. 낡아빠진 누더기 옷은 그의 가녀린 상체를 감싸 주지도 못한 채 아래로 흘러내렸고, 드러난 종아리는 왠지 슬퍼 보인다. 무표정한 그의 얼굴은 오랫동안 감내해 온 세월의 무게를 드러내고 있다. 검은색 상복을 입고 그의 곁에 서 있는 여인은 어쩌면 과부인지도 모르겠다. 아직 삶의 희망을 포기하기에는 너무 젊어 보인다. 여인은 갈망하는 눈빛으로 예수와 젊은이를 바라보고 있다.

오랫동안 이 그림을 들여다보노라면 마음이 조금 불편해진다. 그림이 재현하고 있는 것이 애써 외면하고 있는 우리의 현실임이 자각되기 때문이다. 그림 속의 인물 가운데 누구와 동일시하느냐에 따라 그림의 느낌은 사뭇 달라질 것이다. 세상에서 가장 강력한 나라, 그리고 가장 부유한 도시에 사는 뉴욕 사람들은 이 그림을 어떤 마음으로 대할까?

이 그림의 소재가 된 이 젊은이는 대체 어떤 사람일까? 그를 두고 마태는 '어떤 사람', 마가는 '한 사람', 누가는 '어떤 관리'라고 소개함으로 그의 이름을 익명의 어둠 속에 방치한다. 그는 성경에서 꽤 유명하지만 무명이다. '어떤'이라는 관형사 속에 갇혀 있을 뿐이다. 우리가 알 수 있는 정보는 둘이다. 하나는 그가 젊다는 것이고, 다른 하나는 그가 부자라는 사실이다. 그는 어떻게 그런 부를 누릴 수 있었을까? 이런 궁금증은 잠시 뒤로 미루기로 하자.

어떤 절박함이 그를 몰아댄 것일까

부자인 그가 머리 둘 곳조차 없이 세상을 떠돌고 있는 예수를 찾아왔다. 니고데모처럼 밤중에 슬그머니 찾아온 것이 아니다. 마가는 그가 예수 앞에 무릎을 꿇었다고 말한다. 어떤 절박함이 그를 그 자리로 내몬 것일까? 그의 질문은 단도직입적이다. "선한 선생님이여 내가 무엇을 하여야 영생을 얻으리이까"(막 10:17). '영생'에 대한 관심이 그를 예수 앞으로 이끌었다. 누리고 싶은 것은 다 누리며 살 수 있는 그가 어찌하여 영생에 대해 묻는 것일까? 신학적 궁금증을 풀기 위한 질문이었다면 굳이 무릎까지 꿇을 까닭은 없었을 것이다. 그는 안락한 생활에 염증을 느낀 것일까? 그림자 같은 세상에서 벗어나 삶의 실상과 만나고 싶었던 것일까?

서방교회 수도원 운동의 아버지라 일컫는 누르시아의 성 베네딕토(St. Benedictus, 480~543)는 화려하고 무절제한 로마의 귀족 문화에 환멸을 느낀 나머지 로마를 떠나 수비아코에 있는 동굴에 들어가 몇 년 동안 기도 생활을 했다고 한다. 죽음이라는 인간의 한계 상황 앞에서는 모든 것이 허무에 떨어질 수밖에 없다는 생각이 그를 번민케 했던 것이다. 그는 죽음을 넘어서는 영원한 가치를 찾아 은둔생활을 했다. 이 부자 젊은이도 그런 마음의 헛헛함과 조바심에 쫓기고 있었던 것일까?

예수는 이 젊은이를 진지하게 맞아 주셨다. 스승이란 때를 얻든지 못 얻든지 가르치는 자다. 중뿔나게 사람들 앞에 나서서 가르치려는 태도를 취한다는 말이 아니라, 진지한 질문을 진지하게 수용한다는 뜻에서 하는 말이다. 질문 속에 이미 답이 있다. 예수는 그의 질문부터 교정하신다. "네가 어찌하여 나를 선하다 일컫느냐 하나님 한 분 외에는 선한 이가 없느니라"(막 10:18). 예수의 응답은 말꼬투리를 잡는 것처럼 들릴 수도 있다. '선한 선생님'이라는 표현은 예수의 선함을 드러내고 상찬하기 위한 것이 아니라, 존경의 마음을 드러내기 위한 관습적인 표현일 수도 있지 않은가?

그러나 예수는 그런 관습적인 태도를 수용할 생각이 없으시다. 당연의 세계, 관습의 세계에서는 진리가 움터 나오기 어렵다는 사실을 알기 때문일 것이다. 인간은 누구도 선함 그 자체일 수 없다. 다만 선한 삶을 지향할 뿐이다. 한 존재에 대한 어떠한 규정도 바르지 않다. 인간 존재는 인간 되어 감이기 때문이다. 인간은 변화의 과정 속에 있다. 시간 속을 바장이며 늘 불안에 시달리는 사람은 경배할 대상을 필요로 한다. 자기 마음을 붙들어 맬 닻줄과 같은 존재 말이다. 그들은 자신의 바람을 누군가에게 투영하여 그를 이상화한다. 우상이 된 사람들은 그것을 즐긴다. 우상이 되는 순간 권력을 얻게 되기 때문이다. 시인 정현종은 "우상화는 죽음이니"라는 시에서 이렇게 노래한다.

우상화는 죽음이니/우상화하지 말라/위대하신 누구이든/우상화 법석 속에서는/우상도 시체요/우상화하는 사람들도 시체이니/제발 우상화하지 말라//그저 좋아하고 그저/사랑하고 사뭇/찬탄은 하리로되/神格은 우습지/우상은 癌이요/우상화는 에이즈요/하여간 전면적인 죽음이니,/사람이든 사상이든 그 무엇이든/하나밖에 없으면 말할 나위없이/전면적인 죽음이니(하략)[21]

예수는 우상이 되기를 거부하신다. 그리고 젊은이에게 말한다. 그도 익히 알고 있을 계명을 가리킨다. "네가 계명을 아나니 살인하지 말라, 간음하지 말라, 도둑질하지 말라, 거짓 증언하지 말라, 속여 빼앗지 말라, 네 부모를 공경하라 하였느니라"(막 10:19). 십계명의 제5계명부터 10계명에 이르는 여섯 가지 계명이 언급되고 있다. 마가는 제10계명을 '속여 빼앗지 말라'는 말로 요약하고 있는 데 비해, 마태는 "네 이웃을 네 자신과 같이 사랑하라"(마 19:19)는 긍정적 서술로 변주하고 있다. 누가는 제10계명을 아예 생략한다.

어쩌면 젊은이는 영생이란 죽음 이후에 주어지는 보상이라 생각했는지도 모르겠다. 그는 뭔가를 행함으로 영생을 보장받고 싶어 한다. 예수는 그런 생각을 꾸짖지 않고 그의 이해 수준에 맞게 응대하신 것이다. 계명을 지킨다는 것이 좋은 삶의 출발점이다. 타자를 어떠한 경우에도 수단으로 삼지 않는 것은 참사람 됨의 기본이라 할 수 있겠다.

"그가 여짜오되 선생님이여 이것은 내가 어려서부터 다 지켰나이다"(막 10:20). 이 젊은이의 말에 자부심이 스며들어 있었는지는 알 수 없다. 과연 그는 정말 그 계명을 다 지킨 것일까? 그 계명들 속에 담긴 하나님의 마음을 헤아리며 살았던 것일까? 누구도 단정할 수 없다. 하지만 예수는 그를 대견하게 보셨다. 충분히 방종에 빠지기 쉬운 삶의 조건을 갖췄건만 계명을 지키기 위해 진력한 그의 노력을 가상하게 보신 것이다. 그리고 하신 말씀은 우리가 잘 아는 바와 같다.

"네게 아직도 한 가지 부족한 것이 있으니 가서 네게 있는 것을 다 팔아 가난한 자들에게 주라 그리하면 하늘에서 보화가 네게 있으리라 그리고 와서 나를 따르라"(막 10:21).

이 젊은이는 재물이 많았기 때문에 슬픈 기색을 띠고 근심하며 예수 곁을 떠나갔다. 가진 것을 다 팔아 가난한 자들에게 주라는 이야기는 전혀 예상치 못한 요구였을 것이다. 영생에 대한 질문은 재산 문제 앞에서 슬그머니 스러지고 말았다.

언급되지 않은 계명

마침내 우리는 이 이야기의 핵심에 당도했다. 이 이야기의 급진성을 이해하기 위해서는 예수가 언급하지 않은 다른 계명들에 주목해야 한다. 이 젊은이는 과연 하나님과 관련된 계명을 다 지킨 것일까? 하나님 앞에서 다른 신을 섬길 수 없다는 제1계명과 우상을 만들지도 섬기지도 말라는 제2계명이 특히 중요하다. '다른 신'은 일차적으로 이방 종교의 신들을 의미하겠지만, 출애굽의 맥락에서 보자면 더 깊은 의미가 있다. 제국의 종교는 대개 강자들의 편익을 위해 복무했다. 위계질서로 세분된 제국은 하층민들의 희생 위에 선 체제다. 착취와 억압의 일상에 신음하면서도 그들은 불의한 체제를 전복할 꿈을 꾸지 못한다. 자기들의 처지를 숙명으로 받아들이기 때문이다. 신이 그렇게 살도록 허락한 것이라면 감수할 수밖에 없다. 그들에게 신은 각자의 운명을 그렇게 품부하는 절대적 존재다.

그런데 정말 그러한가? 교묘한 거짓말이다. 강자들의 호의에 의존해 살아가는 사제 계급들이 만들어 낸 허구의 신화일 뿐이다. 그들은 신의 뜻을 빙자하여 체제의 모순을 숨기는 역할을 한다. 단적으로 말해 제국의 종교는 강자의 이익에 복무한다. 꼭 제국의 종교만 그런 것은 아니다. 미가는 하나님의 뜻보다 자기 이익을 추구하기에 발밭은 거짓 선지자들을 준엄하게 꾸짖는다. "내 백성을 유혹하는 선지자들은 이에 물 것이 있으면 평강을 외치나 그 입에 무엇을 채워 주지 아니하는 자에게는 전쟁을 준비하는도다"(미 3:5a).

제1계명이 말하는 '다른 신'은 약자들의 운명에는 아랑곳하지 않는 신들을 의미한다. 반면 야훼는 고난당하는 이들의 신음 소리를 '당신의 나라가 임하소서'라는 기도로 들으신다. 존엄한 인권을 유린당하는 이들의 삶에 개입해서 그들을 자유의 새 길로 인도하시는 분이라는 말이다. 부유한 젊은 관원은 나름대로 좋은 사람인 것은 분명하다. 인간됨의 기본을 지키기 위해 어려서부터 치열하게 노력했으니 말이다. 하지만 그가 약자들의 인권에 관심을 갖지 않았다면, 그는 아직 진정한 믿음의 세계에 발을 들여놓았다고 말할 수 없다. 이사야는 하나님이 기뻐하시는 금식은 "흉악의 결박을 풀어 주며 멍에의 줄을 끌러 주며 압제당하는 자를 자유하게 하며 모든 멍에를 꺾는 것"(사 58:6)이라고 말했다. 주린 자를 보고도 심정이 동하지 않았다면, 그는 하나님의 마음과 접속을 이뤘다고 말할 수 없을 것이다.

이 젊은이는 우상을 만들거나 우상 앞에 절하지 말라는 계명을 나름대로 잘 지켰다고 생각했을 것이다. 정말 그런가? 신상을 만들어 섬기지 않았으면 된 것 아닌가? 눈에 보이는 우상을 섬기지 않는 것은 쉽다. 눈에 보이지 않는 우상이 문제다. 우리의 궁극적 관심의 대상이 된 것들은 일쑤 우상으로 변질되곤 한다. 우상은 우리에게서 자유를 앗아 간다.

부자 젊은이는 나름대로 좋은 신앙인 혹은 좋은 사람이라는 자부심으로 살아왔지만, 그러한 '좋음'의 기반이 하나님과의 깊은 결속이 아니라 재산이었다는 것이 문제라면 문제겠다. 예수의 말씀은 그가 한사코 직면하려 하지 않던 진실 앞에 서게 만들었다. 그는 하나님이 아니라 재산을 의지하고 살았던 것이다. 주님이 젊은이에게 요구하신 것은 어려운 이웃들에 대한 자선이 아니다. 만약 그런 것이었다면 그는 기꺼이 그 요구에 응답했을지도 모른다. 하지만 주님은 그 젊은이에게 재산이 아닌 그의 존재 전체를 요구하셨다. 재산이 주는 안전감에 기대어 살아온 젊은이가 진리의 세계에 발을 들여 놓기 위해 필요한 것은 그 익숙하고 편리한 세계와 결별하는 것이었던 것이다. 새로운 삶은 이처럼 엄정한 결단을 요구한다.

13세기 페르시아 시인인 루미는 한 요리사가 국자로 콩을 누르며 하는 말을 들려준다.

뛰쳐나오려 하지 말아라

내가 너를 괴롭히는 줄 알겠지만 사실은
지금 너에게 맛을 들이고 있는 중이다
바야흐로 너는 양념에 버무려져 쌀밥과 함께
인간의 고귀한 생명으로 되는 것이다
네가 밭에서 빗물을 받아 마실 때
이렇게 되기 위해서였음을 기억하여라[31]

안타깝게도 이 젊은이는 뛰쳐나가고 말았다. 돈보다 더 중요한 것은 고통받는 인류와의 연대이고, 그들의 아픔을 고스란히 자신의 아픔으로 경험하는 것이고, 그들과 친밀하게 접촉하면서 그들이 인간다운 삶을 살 수 있도록 돕는 것이다. 그것이야말로 영원한 생명에 이르는 길이다. 그런 접촉을 가로막고 있는 장애물은 누구에게나 있다. 재산일 수도 있고, 가문에 대한 헛된 자랑일 수도 있고, 사회적 편견일 수도 있고, 지위나 지식일 수도 있다. 주님은 바로 그것을 버리지 않고는 영생의 길에 접어들 수 없다고 말씀하신다. 그것을 내려놓는 순간, 하늘의 보화를 차지하게 된다. 이것이 신앙의 신비이다.

엇비슷한 기독교인

일제 시대에 잡지 〈성서조선〉을 통해 잠든 영혼을 깨웠던 김교신 선생은 신앙을 택하려거든 극상품의 신앙을 택하라고 말한다. 기왕 믿으려면 참을 향해 비약 돌진하라는 것이다. 그런데 많은 신자들은 그렇게 하지 못한다. 그것은 마치 특실을 버리고 삼등열차를 타는 것과 같다.

"주일마다 달마다 정해진 액수의 연보를 바치고, 술 담배 끊고 이서방과 비겨도 못한 것이 없고 최 서방과 겨누어도 부끄러울 것이 없다고 자족하는 신앙은 보통실의 신앙, 즉 삼등 열차적 믿음이다."[4]

적나라한 우리의 모습 아닌가? 감리교의 창시자인 웨슬리는 이런 상태에 처한 이들을 가리켜 '엇비슷한 기독교인'(almost christian)이라 칭했다. '비슷하다'는 것은 진짜는 아니라는 말이다. 평생을 엇비슷한 기독교인으로 살아가는 이들이 많다. 우리로 하여금 참된 신앙을 향해 비약 돌진하지 못하도록 하는 '한 가지 부족한 것'은 무엇일까?

어떤 유대인 랍비가 들려주는 이야기가 생각난다. 한 젊은이가 대장장이가 되기를 원했다. 그래서 아주 유능한 대장장이의 도제가 되어 온갖 필요한 기술을 다 익혔다. 풀무질하는 법, 화젓갈 잡는 법, 큰 망치 쓰는 법, 모루 치는 법, 담금질하는 법 등을 모두 배웠다. 도제의 수련 기간이 끝나고 그는 왕궁의 대장간에 고용되었다. 그러나 취업에 대한 기쁨은 잠시였다. 불 피우는 방법을 배우지 못한 것이다. 여러 가지 도구들을 다룰 수 있는 그의 기술과 지식이 쓸모가 없어진 것이다.[5]

벌써 여러 해 전의 일이다. 어느 교파 청년연합회에서 신입생 환영회에 와서 설교해 달라는 부탁을 받았다. 부탁이 하도 간곡해서 어려운 시간을 쪼개어 가서 설교를 했다. 전철을 타고 가면서 혼자 생각했다. 이 친구들이 강사료랍시고 봉투를 내밀 텐데, 어떻게 거절해야 하나? 회장을 비롯한 임원들이 정답게 맞아 주었고, 예배도 잘 마칠 수 있었다. 그런데 예배를 마치고 나오는데 아무도 따라 나오지 않는 것이었다. '이상하다, 이럴 리가 없는데.' 주위를 둘러보는 척하며 늑장을 부리는데도 아무도 나와서 인사를 하지 않았다. 돌아오는데 화증이 솟았다. '이런 버릇없는 녀석들 같으니라구. 도무지 예의가 없네.' 저녁에 기도를 하는데, 그 일이 자꾸 생각나면서 마음이 불편했다. 어느 순간 주님이 말을 건네 오셨다.

"왜 그렇게 화가 나 있니?"

"제가 지금 화가 안 나게 됐습니까?"

"이상하구나. 너는 애당초 강사료를 주면 돌려주겠다고 마음먹지 않았니?"

"그랬지요."

"그러면 일이 제대로 된 거 아니니? 번거롭게 돌려줄 필요가 없으니 오히려 고마워해야지."

"그래도 그렇지요. 누군가 나와서 '죄송합니다. 강사료를 준비하지 못했습니다' 하고 인사만 했더라도 저는 아주 기분 좋게 돌아왔을 겁니다."

"내가 보기엔 너를 화나게 만든 건 그 청년들의 무례함이 아니라 너의 허영심인 것 같구나."

차마 드러낼 수는 없었지만 참 괜찮은 사람이라는 평판을 기대했던 것인가? 그럴 생각이 없었노라고 차마 말할 수 없다. 그렇다면 자기 욕망에 해맑게 충실한 사람보다 나을 게 무엇이란 말인가? 돈을 바라는 마음과 좋은 사람이라는 평판을 바라는 마음이 어금지금하다.

그런데 이 젊은이는 어떻게 부자가 되었을까? 조상으로부터 물려받은 것일까? 아니면 지위를 이용해 한밑천 톡톡히 잡은 것일까? 그도 아니라면 세상 돌아가는 이치에 일찌감치 눈을 떠서 큰돈을 벌게 된 것일까? 로마의 식민지 백성으로서 그러한 부를 유지하고 있었던 것은 어떠한 형태로든 로마에 부역했기 때문이 아닐까?

사실 그것은 복음서 기자들의 관심사는 아니다. 그들은 부의 위험성을 가르치는 데 온통 집중하고 있다. 하지만 돈을 버는 과정도 참 중요하다. 요즘 젊은이들 사이에 비트코인 열풍이 불고 있다 한다. 일확천금의 꿈이 빚고 있는 현실이다. 상향 평준화된 욕망으로 인해 사람들은 저마다 불행하다. 욕망과 현실 사이의 간극이 크기 때문이다. 근면과 성실이라는 지난 시대의 덕목은 더 이상 매력적이지 않다. 빛의 속도로 변화하는 세상에 적응된 영혼들은 티끌 모아 태산이라는 속담을 믿지 않는다. 그럴 시간도 마음도 없다. 금수저들은 부모의 재력도 능력이라고 말하고, 흙수저들은 무능력한 부모를 탓한다.

어떤 영생을 바라는가?

여기서 떠오르는 질문이 있다. 이 젊은이는 정말 '도둑질하지 말라'는 계명을 제대로 지킨 것일까? 남의 것을 몰래 빼내지 않았다고 하여, 남의 것을 속여 빼앗지 않았다고 하여 계명을 지킨 것이라 할 수 있을까? 요셉은 서른 살에 바로에게 발탁되어 애굽의 7년 흉년을 잘 대비함으로 지혜자로 인정받았다. 일곱 해 풍년에 토지 소출이 많이 나자 그는 곡물을 성에 저장해 놓았다가, 일곱 해 흉년이 드는 동안 창고를 열어 백성들에게 팔았다. 거기서 얻어진 부는 바로의 궁에 차곡차곡 쌓였다. 돈이 떨어진 이들은 키우던 가축을 넘겨주고 먹을 것을 얻어야 했고, 급기야는 토지와 몸까지도 넘겨야 했다(창 47:18, 20). 요셉은 애굽의 토지법을 제정해서 땅에서 나는 소출의 오분의 일을 바로에게 바치도록 했다. 요셉의 지혜는 결국 전제주의 국가를 강화하는 일에 복무하고 말았다. 인간 지혜의 무상함이 이러하다. 적절한 법 절차에 따랐다 하더라도 가난한 사람들을 더욱 가난하게 만들었다면 결과적으로 하나님의 뜻에 어긋난 것이 아닐까?

존 웨슬리는 "돈의 사용"이라는 설교에서 진실한 관리인으로 살기 위해 믿는 이들이 해야 할 일을 몇 가지 적시하고 있다. 첫째, '할 수 있는 대로 많이 벌어라.' 수단과 방법을 가리지 않고 돈을 벌라는 말은 아니다. 적법한 절차를 따라야 하는 것은 물론이고, 누군가의 생명을 희생시키거나 자신의 건강을 해치지 않아야 한다. 환경을 파괴하는 일, 영혼을 파는 일, 이웃의 몸과 마음을 파괴하는 일은 한

사코 피해야 한다. 둘째, '할 수 있는 대로 모든 것을 저축하라'. 그는 재물을 육신의 정욕, 안목의 정욕, 생활의 허영심을 충족시키기 위해 쓰지 말라고 말한다. 우아한 미식주의, 값비싼 의복, 필요 없는 장신구에 많은 돈을 들이는 것은 기독교인의 태도로 합당하지 않다. 셋째, '할 수 있는 대로 모든 것을 주라.' 자신과 가족이 인간적인 삶을 영위하기 위해 필요한 것을 사용하는 것은 귀한 일이다. 하지만 여분의 것은 기회가 있는 한 다른 이들에게 주어야 한다.[6] 그것은 하나님께 속한 것이기 때문이다. 돈을 이렇게 사용하는 것이야말로 도둑질하지 말라는 계명에 부합하는 삶이다.

다수의 사람들이 로마의 가혹한 식민지 정책으로 인해 생존의 어려움을 겪고 있는 그때에, 그 부자 젊은이는 영생의 문제에 골몰할 뿐 어려운 처지에 빠진 이들에게 눈길을 돌리려 하지 않았다. 그는 하늘의 보화보다 지상의 재화를 더 가치 있게 여긴다. 그렇기에 그는 슬픈 기색을 띠고 예수 곁을 떠난 것이다. 영생에 대한 그의 관심은 결국 지상의 행복이 지속되는 것과 무관하지 않다.

하지만 영생은 바로 이 땅에서 시작되는 것임을 그는 알지 못한다. 하늘 혹은 영원은 공간 너머 저기, 혹은 시간 너머 저기에 있는 것이 아니라, 가난한 이들 곁에 다가서려는 마음속에 있다. 영생은 시간의 지속이 아니라, 삶의 층위 변화다. 하늘의 눈으로 세상을 보는 순간 열리는 신비의 세계. 어느 눈 밝은 스승은 그 젊은이가 돌아가 세운 것이 바로 교회라고 말했다. 물론 공의와 공평보다 눈에 보이지 않는 금송아지를 섬기는 오늘의 교회 현실을 지적하기 위한 말이지만, 쉽게 웃어넘길 수 없다. 돈이 주는 안락함과 영생을 함께 누리려는 것은 욕심일 뿐이다.

주

1) 에바그리우스 폰티쿠스,《안티레티코스》, 허성석 옮김, 분도출판사(2015년), p.189
2) 정현종,《한 꽃송이》, 문학과지성사(1992년), p.18
3) 잘랄루딘 루미,《루미 詩抄》, 이현주 옮김, 도서출판 선우(1999년), p.139
4) 김교신,《조와弔蛙》, 노치준 옮김, 동문선(2001년), p.78
5) 아브라함 요수아 헤셀,《누가 사람이냐》, 이현주 옮김, 종로서적(1996), 184쪽
6) 존 웨슬리,《웨슬리 설교전집3》, 한국웨슬리학회 옮김, 대한기독교서회(2006년), p.285ff

동상의 욕망

08

바벨론 제국의 느부갓네살 왕

성경에 등장하는 이방 나라 왕들 가운데 가장 유명한 사람은 아마도 느부갓네살이 아닐까 싶다. 남왕국 유다의 멸망과 깊이 연루된 인물이기 때문이다. 아픔과 치욕의 기억은 가급적이면 빨리 지우고 싶은 것이 인지상정이지만, 이스라엘 사람들은 오히려 그런 기억을 끝없이 반추하는 길을 택했다. 기억되지 않은 역사는 반복되게 마련이다. 홀로코스트를 경험한 유대인들이 자비를 들여 곳곳에 홀로코스트 기념관을 짓는 것도 같은 이유일 것이다.

느부갓네살은 신바벨론 제국(Neo-Baylonian Empire, 주전 626~539)을 중흥시킨 인물이다. 느부갓네살이라는 이름은 '느부(느보) 신이 경계석을 지킨다' 혹은 '느부가 계승권을 지킨다'는 뜻이다. 느부(느보)는 바벨론의 최고 신인 벨(마르둑의 별칭)의 아들로 소개되고 있는데 지혜의 신으로 숭상되었다고 한다. 이사야서에 이들이 등장한다. "벨은 엎드러졌고 느보는 구부러졌도다 그들의 우상들은 짐승과 가축에게 실렸으니 너희가 떠메고 다니던 그것들이 피곤한 짐승의 무거운 짐이 되었도다"(사 46:1). 이사야는 가장 강성하던 바벨론의 정신적 토대라 할 수 있는 벨과 느보의 몰락을 예견하고 있다. 바벨론 사람들은 벨과 느보 신상을 소나 말이 끄는 수레에 싣고 성내를 행진하곤 했다고 한다. 그것은 이 땅이 그 신들에게 속했음을 만천하에 공포하는 일종의 상징 행위였다. 이사야는 그런 세태를 뒤집어 짐승들의 무거운 짐으로 전락한 벨과 느보의 처량한 신세를 그려 보이고 있다.

느부갓네살이 역사의 무대에 가장 화려하게 등장한 사건은 갈그미스 전투(주전 605년)다. 앗시리아를 멸망시키면서 근동의 패권을 장악해 가던 신바벨론 제국의 팽창을 막기 위해 애굽 왕 느고는 군대를 이끌고 북벌을 계획했다. 애굽의 영향력을 줄이기 위해 친바벨론 정책을 펼치던 유다의 요시야 임금은 느고를 막으려다가 므깃도 전투에서 죽고 만다. 이로써 신명기 법전을 토대로 종교 및 사회개혁을 단행하려던 그의 계획은 무산되고 말았다. 느고는 그 기세를 몰아 유프라테스 강가에 있는 갈그미스까지 올라가 바벨론과 일전을 치르려 했다. 갈그미스는 시리아의 주요 도시인 알레포에서 북동쪽으로 100km 지점에 있는 도시로 지금의 제라불루스(자라블루스, 예라블루스…) 지역이다. 그곳은 시리아에서 유프라테스 지역을 오가는 관문으로서 전략적 요충지였을 뿐만 아니라 교역의 중심지이기도 했다. 갈그미스 전투에서 느부갓네살은 대승을 거두었고 그로 인해 애굽을 크게 약화시킬 수 있었다.

요시야의 뒤를 이어 왕위를 계승한 여호야김은 상황을 오판하여 친애굽 정책을 펼치다가 느부갓네살의 공격을 받았고, 그 전투의 결과로 수많은 사람들이 바벨론으로 잡혀갔다. 여호야김은 바벨론에 대한 충성을 맹세함으로써 가까스로 지위를 유지할 수 있었다. 하지만 3년간 바벨론을 섬기다 배반을 감행했지만 실패하여 쇠사슬에 결박된 채 바벨론으로 끌려갔고, 그때 여호와의 전 기구들도 약탈당했다(대하 36:6-7).

여호야김의 아들 여호야긴이 18세에(역대기는 8세로 소개됨, 대하 36:9) 왕위에 등극하지만, 겨우 석 달여 다스리다가 느부갓네살이 성을 포위하자 자발적으로 굴복하여 목숨을 부지한다. 그때 바벨론 군대는 성전 안의 모든 보물과 왕궁의 보물을 탈취함은 물론, 솔로몬이 만든 성전의 금그릇들을 깨뜨려 약탈하고 수많은 사람들을 포로로 끌어갔다. 왕과 그 가족은 물론이고 제국의 확장에 필요하다고 판단된 지도자, 용사, 장인, 대장장이들이 다 포함되었다(왕하 24:8-14). 바벨론은 여호야긴의 숙부였던 맛다니야로 하여금 왕위를 계승하게 하고 시드기야라는 이름을 부여했지만 그는 유다 최후의 임금이 되었다. 자기 힘을 오판한 시드기야가 바벨론에 저항하다가 결국 멸망을 자초하고 만 것이다.

이스라엘 사람들의 입장에서 느부갓네살은 불구대천의 원수라

해도 과언이 아닐 것이다. 그러나 성경은 그를 악마적 존재로 형상화하기보다는 우상을 숭배하고 정의와 공의를 무너뜨린 채 살아가던 그 백성을 징치하기 위해 세운 하나님 심판의 도구로 소개한다. 그렇다고 느부갓네살의 모든 행동이 정당화되는 것은 아니다.

권력의 폭력성

느부갓네살은 다니엘서에 재등장한다. 다니엘서는 알렉산더 사후에 수리아와 팔레스타인 지역을 다스리고 있던 셀류쿠스 왕조의 억압과 학정을 배경으로 하고 있지만, 모든 묵시문학이 그러하듯이 고통스러웠던 과거의 기억에 빗대 자기 시대를 해석한다. 다니엘서가 기대고 있는 것이 바로 바벨론 제국에 잡혀가 목숨을 부지하고 있던 포로민들의 상황이다. 자기 땅에서 유배당한 이들이 겪는 격절감을 이상화는 "지금은 남의 땅/빼앗긴 땅에도 봄은 오는가"라고 노래했지만, 남의 나라 남의 땅에서 목숨을 부지해야 했던 이들의 곤고함은 상상 이상이었을 것이다. 다니엘서는 원수의 땅에서 그들의 호의에 기대어 살 수밖에 없는 상황을 자기 삶의 일부로 수용하는 동시에 민족적·신앙적 정체성을 잃지 않기 위해 절치부심했던 사람들의 이야기다.

다니엘서는 예언인 동시에 풍자다. 느부갓네살이 어느 날 꿈을 꾸었다. 그러나 뒤숭숭한 잠에서 깨어난 후에는 도무지 그 꿈을 기억해 낼 수 없었다. 성경에서 꿈은 일쑤 하나님의 뜻이 전달되는 통로로 소개된다. 사라를 취하려다 하나님의 경고를 받은 그랄 왕 아비멜렉의 꿈(창 20:3), 벧엘에서 하늘에 닿는 사닥다리를 본 야곱의 꿈(창 28:12), 자기의 장래를 예시하는 요셉의 꿈(창 37장), 애굽 왕의 술 맡은 자와 떡 굽는 자의 꿈(창 40:5), 마리아의 남편 요셉의 꿈(마 2:12, 22), 빌라도의 아내의 꿈(마 27:19) 등이 대표적이다.

해석은 다른 사람이 하더라도 꿈을 기억해야 하는 것은 당사자의 몫이다. 그런데 느부갓네살은 박수와 술객과 점쟁이와 술사들을 불러들여 자기가 꾼 꿈의 내용과 해석을 내놓으라고 요구한다. "내가 명령을 내렸나니 너희가 만일 꿈과 그 해석을 내게 알게 하지 아니하면 너희 몸을 쪼갤 것이며 너희의 집을 거름더미로 만들 것"(단 2:5)이라는 것이다. 생떼도 이런 생떼가 없다. "내가 명령을 내렸나니"라는 말 속에 일탈한 권력의 오만이 담겨 있다. 권력은 할 수 없는 일과 할 수 있는 일, 해야 할 일과 하지 말아야 할 일을 분별하려 하지 않는다. 오도된 권력은 자기 이외의 모든 대상을 목적으로 대하지 않는다. 그들은 그저 수단일 뿐이다. 권력은 사람들에게 공포와 두려움을 주입함으로 자기를 신화화한다. 사람들의 내면에 뿌려진 공포의 씨앗들은 무럭무럭 자라 마침내 그들을 노예로 만들어 버린다.

아무리 지엄한 명령이라 해도 남이 꾼 꿈을 기억해 낼 수는 없다. 제국에서 내로라하던 모든 지식인들이 죽임을 당하게 되었다. 그때 다니엘이 소환된다. 그는 하나님이 주시는 지혜를 따라 느부갓네살이 꾼 꿈의 내용을 기억 속으로 소환하는 동시에 그 꿈에 내포된 의

미도 밝혀낸다. 왕이 본 것은 머리는 순금이고, 가슴과 두 팔은 은이고, 배와 넓적다리는 놋이고, 종아리는 쇠요, 발은 쇠와 진흙으로 구성된 큰 신상이었다. 그런데 어느 순간 돌 하나가 등장하여 그 신상을 철저하게 파괴했고, 그 장엄하던 신상은 바람에 날리는 겨처럼 흩어져 흔적조차 남지 않았다. 다니엘은 그 꿈이 역사의 주인인 하나님께서 예정하신 나라들의 운명이라고 말한다.

총화단결의 위험

다니엘은 이 이야기를 통해 제국의 모든 지혜를 능가하는 하나님의 지혜를 넌지시 드러낸다. 거침없고 파괴적이며 신성모독적인 나라들은 불패의 신화를 써 가고 싶겠지만, 그들은 다 하나님의 심판 아래 있을 뿐이다. 영원한 것은 오직 하나님의 통치뿐이다. 어찌 보면 불쾌한 신탁이다. 하지만 느부갓네살은 다니엘 앞에 엎드려 절하고 예물과 향품을 주면서 말한다. "너희 하나님은 참으로 모든 신들의 신이시요 모든 왕의 주재시로다"(단 2:47).

이 이야기는 억압과 학대의 현실을 견뎌야 했던 사람들의 마음속에 새겨진 희망의 초석이었다. 유대인들은 이런 이야기를 반복적으로 나눔으로써 현실이 비록 암담하다 해도 결국은 하나님의 정의가 땅 위에 굳게 설 것이라는 사실을 마음에 새겼던 것이다.

권력의 유한함을 깨달았다 하여 권력 중독에서 벗어날 수 있는 것은 아니다. 느부갓네살은 여전히 강대한 제국의 왕이었고, 그의 몰락은 아직 미지의 현실일 뿐이었다. 자기 확장욕에 사로잡힌 느부갓네살은 제국을 통합하기 위한 이데올로기적 장치를 만든다. 그는 높이 육십 규빗이나 되는 금신상을 만들어서 바벨론 지방의 두라 평지에 세웠다. 그는 총독과 수령과 행정관과 모사와 재무관과 재판관과 법률사와 각 지방 모든 관원을 금신상 낙성식에 참여하도록 강제한다(단 3:2). 나팔과 피리와 수금과 삼현금과 양금과 생황과 및 모든 악기 소리가 동원되었다. 다양한 소리가 빚어내는 수선스러움 속에서 성찰적 지성은 작동되지 않는다. 그 악기 소리는 느부갓네살왕이 세운 금신상에게 절하라는 신호였다. 엎드려 절하지 않는 이들은 맹렬히 타는 풀무불에 던져질 것이라는 으름장도 빠지지 않았다. 악기 소리가 나자 "모든 백성과 나라들과 각 언어를 말하는 자들"은 누가 먼저랄 것도 없이 그 금신상 앞에 엎드려 절했다. 금신상은 제국의 위엄인 동시에 위협이었다. '일사불란', '총화단결'의 상징이기도 했다.

문제는 그 체제에 포섭되지 않는 잉여들이 언제나 존재한다는 사실이다. 한나 아렌트는 19세기 유럽의 역사를 '국민국가'의 형성을 둘러싼 역사로 규정하면서 그 과정이 얼마나 폭력적인지를 보여준다.

"'국민국가'를 형성하려면 그때까지 따로따로 떨어져 있던 '국민'의 구성원이 영토적, 정치적으로 하나의 '국가'로 통합되는 동시에 '국가'의 이질적 요소(=타 국민, 타민족)를 최대한 배제하여 동질성과 구심력을 높일 필요가 있다. 자신들 주위에 있는 '누군가'를 자기들과 '다른 사람'으로 규정하고 따돌리지 않으면 자기들의 '아이덴티티'를 확실하게 인지하기 어렵기 때문이다."1)

국민국가는 이질적인 것을 배제함으로써 '우리'라는 정체성을 확보하려 했다. '우리'와 '그들'을 가르고 '그들'을 불온시하거나 혐오의 대상으로 만들거나 동화시키려 했다. 다름은 용납되지 않는다. 느부갓네살이 세운 금신상은 바로 이 모든 일을 효율적으로 처리하기 위해 고안된 제국의 통치 전략이었다. 동화되기를 거부하는 자는 죽음이라는 대가를 치러야 했다. '오직 야훼만이 우리의 주님'이라고 고백하는 유대인들은 양날의 칼을 손으로 쥔 격이 되었다. 금신상 앞에 절하는 순간 목숨은 부지하겠지만 화인 맞은 양심의 가책을 안고 살아야 했다.

다니엘의 세 친구들은 그런 곤경 속에서 신앙인이 어떤 태도로 살아야 하는지를 보여 주는 본보기다. 관료로 발탁되어 바벨론 제국의 일부가 된 이들을 바라보는 갈대아인의 시선이 고왔을 리 없다. 자기들에게 돌아갈 자리를 엉뚱한 자들이 차지하고 있다고 보았을 테니까 말이다. 그들은 다니엘과 세 친구가 이질적인 존재임을 입증할 기회만 엿보고 있었다. 마침내 그들에게 기회가 왔다. 다니엘의 세 친구가 금신상 앞에 절하지 않는다는 사실이 드러나자 그들은 즉각 왕에게 고발했다. 느부갓네살은 몹시 노했다. 분한 마음까지 들었다. 자기가 키운 개에게 물렸다고 생각했을지도 모르겠다. 의식적이든 무의식적이든 느부갓네살은 그 금신상과 자신을 동일시하고 있었을 테니 말이다.

당신들의 천국

소설가 이청준의 《당신들의 천국》은 동상의 욕망을 설득력 있게 드러내고 있다. 나환자들이 수용된 소록도를 배경으로 하는 이 소설의 서사는 조백헌 원장의 취임과 더불어 시작된다. 야심만만했던 그는 소록도를 천국으로 바꾸고 싶어 한다. 그는 몇 가지 혁신적인 조치를 내린다. 위생복, 위생장갑에 마스크까지 덮어쓰고도 원생들에게 핀셋을 사용하는 따위의 태도를 버릴 것, 필요한 경우가 아니면 마스크나 위생장갑의 착용 금지, 환자들이 건강인을 대할 때마다 4, 5보 떨어져서 얼굴을 반쯤 옆으로 돌리고 입까지 손으로 가리고서야 말을 건네야 했던 교칙들의 폐지, 직원 지대와 병사 지대의 경계를 가르고 있던 철조망 철거, 미감아 아동들과 직원 지대 아이들의 공학 단행 등이 그것이다. 조백헌 원장의 그런 혁신적인 조치들을 오랫동안 그 섬에 머물렀던 이들은 일종의 '거인증의 발로'로 폄하한다.[21]

그들은 쓰라린 기억에 사로잡혀 있었던 것이다. 이상욱 과장은 조백헌 원장에게 그의 전임자인 주정수 원장 이야기를 들려준다. 섬을 민주적으로 운영하고 싶었던 그는 각 마을에서 환자 대표 열 명을 뽑아 평의회라는 기구를 만들었다. "새로운 병원 시책의 결정 과정에서 원장의 자문에 응하기도 하고 동환들의 권익을 대표하여 그들의 의사를 집약하고 반영하는 반자치 반자문 기구 비슷한"[3] 것이었다. 문제는 평의회의 권한이 주정수 원장이 허용하는 통치 원칙의 한계 안에서만 작동된다는 것이었다. 섬의 전권을 쥐고 있는 원장을 갈아치우는 일은 애초에 불가능했다. 평의회 의원들은 지배와 피지배의 경계에서 권력의 맛을 본 후에, 환자들의 권익을 대변하기보다는 원장의 아량과 관용의 한계 안에서 행동하기 시작했다. 다스리는 자의 쪽에 서는 것이 자기들에게 유리하다고 판단했기 때문이다.

평의회는 마침내 주정수 원장의 동상을 세우기에 이른다. 동상이 세워지자 사람들은 더욱 충성스러워지려 애쓴다. 한 달에 한 번씩 열리는 보은 감사일마다 동상 앞에서 원장의 송가를 부르는 사람들도 생겼다. 하지만 그것은 파국의 전조였다. 선의는 자기 보존 욕망과 결부될 때 강박관념으로 변하게 마련이고, 강박관념은 퇴행적이어서 파탄으로 귀착되는 법이다. 결국 그런 체제를 받아들일 수 없는 사람에 의해 평의회 사람 하나가 살해되었고 이어 원장도 살해되고 말았다.

이청준이 이 소설을 쓴 것은 1974년부터 1975년 사이였고 1976년에 단행본으로 간행되었다. 유신헌법이 제정되고 그에 저항하는 이들을 잠재우기 위해 긴급조치가 발동되던 시기였다. 그런 시대를 배경으로 작가는 권력자에 의해 일방적으로 제시되는 낙원의 꿈이 얼마나 폭력적인지를 드러내고 싶었다. 그것은 '당신들의 천국'이지 '우리들의 천국'은 아니라는 것이다. 위험천만한 발언이었다. 하지만 한 시대의 양심의 척도인 작가는 그 위험을 마다하지 않았다. 이청준은 1984년에 간행한 개판본 서문에서 소설 제목에 대한 자기 생각을 밝힌다.

> "굳이 사족을 더할 바가 없겠지만, 소설의 제목 '당신들의 天國'은 당시 우리의 묵시적 현실 상황과 인간의 기본적 존재 조건들에 상도한 역설적 寓意性에 근거한 말이었다. 그러면서 나는 어느 땐가 그것이 '우리들의 천국'으로 바뀌어 불려질 때가 오기를 소망했고, 필경은 그때가 오게 될 것을 확신했다. 그리고 아마도 그때가 오게 되면 '당신들의 천국'이라는 斜視的 표현이나 그 책의 존재는 무용지물이 될 것이었다."[4]

작가는 자유가 압살되고 있던 현실 속에서 강고한 체제의 틈을 벌리고 있었던 것이다. 이 소설을 해설한 김현은 "자유 없는 힘은 끊임없는 배반만을, 사랑 없는 힘은 강요된 의무만을 낳을 뿐"이라면서 진짜 천국은 누군가가 제시할 수 있는 것이 아니라 "그것을 누리고자 하는 사람들의 선택 행위와 내일의 변화에 대한 희망이 어느 정도까지 허용될 수 있느냐에 달려 있다"[5]고 말한다. 시날 평지에 세워졌던 바벨탑은 돌 대신 벽돌이, 진흙 대신 역청이 사용되었다. 틀 속에서 찍힌 벽돌은 차이를 용납하지 않는다. 역청 또한 자유로운 소통을 허용하지 않는다. 제국의 특색이 이러하다.

반항적 인간

다시 다니엘의 이야기로 돌아가 보자. 다니엘의 세 친구 사드락, 메삭, 아벳느고는 대규모의 국가 제의에 참여하기를 거부했다. 반역자로 낙인찍힐 가능성이 있었지만 그들은 담대하게 좁은 길을 택했다. 왕 앞에 소환된 그들은 금신상 앞에 절하라는 회유를 거절한다. 죽음의 위협 앞에서도 그들은 당당하다.

"느부갓네살이여 우리가 이 일에 대하여 왕에게 대답할 필요가 없나이다 왕이여 우리가 섬기는 하나님이 계시다면 우리를 맹렬히 타는 풀무불 가운데에서 능히 건져내시겠고 왕의 손에서도 건져내시리이다 그렇게 하지 아니하실지라도 왕이여 우리가 왕의 신들을 섬기지도 아니하고 왕이 세우신 금신상에게 절하지도 아니할 줄을 아옵소서"(단 3:16b-18).

카뮈(Albert Camus)가 말하는 반항적 인간의 초상이 이러할 것이다. 그는 무릎을 꿇고 죽기보다는 서서 죽기를 구하는 자다. 카뮈는 원한과 반항을 구별한다. "원한이란 셸러가 적절하게 정의했듯이 자기 중독이요, 밀폐된 병 속에서 무력감이 계속됨으로써 생겨난 불건전한 분비물이다. 그와 반대로 반항은 존재를 터뜨리고 부수어 밖으로 넘쳐 나도록 돕는다."[6] 국가의 권세가 시민의 양심에 반하는 일을 강요할 때 '아니오'라고 말하는 것은 얼마나 장엄한가. 다니엘서는 제국의 권세보다 더 큰 질서가 있다는 사실을 증언한다. 사드락, 메삭, 아벳느고는 결국 풀무불 속에 던져졌지만 그 뜨거운 화염은 그들의 털끝 하나 태울 수 없었다.

다니엘서는 느부갓네살의 두 번째 꿈 이야기를 통해 세상을 다스리시는 하나님의 권세를 오롯이 드러낸다. 그의 꿈은 이러하다. 땅의 중앙에 있는 한 나무가 자라서 견고하여지고 높이가 하늘에 닿을 정도가 되었다. 잎사귀가 무성해지면서 열매도 풍성하게 달렸다. 공중을 나는 새가 그 나뭇가지에 깃들었고 그 그늘 아래에서 뭇 생물들이 먹을 것을 얻었다. 그런데 한 순찰자가 하늘에서 내려오면서 모든 것이 변한다. 나무는 베어 넘어지고, 열매는 흩어지고, 짐승들과 새들도 황급히 그 품을 떠나고, 오직 그루터기만 땅에 남게 되었다. "또 그 마음은 변하여 사람의 마음 같지 아니하고 짐승의 마음을 받아 일곱 때를 지내리라"(단 4:16)는 선고를 듣는다.

번민 끝에 다니엘은 그 꿈을 해석한다. 그 큰 나무는 느부갓네살을 가리킨다. 하늘에 닿을 듯 오만에 빠졌던 권력은 한순간에 무너질 것이고, 가장 높은 자리에 앉아 있던 왕은 가장 낮은 자리에 처해 짐승들처럼 지낼 것이다. 그러나 그 기간은 정해져 있다. 세상을 다스리는 것이 하나님이라는 사실을 깨달은 후에야 그는 회복될 것이다. 다니엘은 이어 왕이 해야 할 일을 전한다. "그런즉 왕이여 내가 아뢰는 것을 받으시고 공의를 행함으로 죄를 사하고 가난한 자를 긍휼히 여김으로 죄악을 사하소서 그리하시면 왕의 평안함이 혹시 장구하리이다 하니라"(단 4:27).

나의 적은 바로 나

다니엘의 꿈 해석 혹은 예언은 성공을 거두었을까? 예언의 성공은 예언의 내용이 역사 속에서 그대로 이루어지는 것이 아니다. 예언의 목표는 미래의 예견이 아니라 현재 상황의 변화에 있다. 느부갓네살은 꿈을 통해 예고된 하나님의 경고를 받아들이지 않았다. 그래서 다니엘을 통해 예고된 모든 일이 일어나고 말았다. 예언은 실패한 것이다. 하지만 하나님은 실패를 통해서도 일하신다.

다니엘서는 느부갓네살을 일인칭 화자로 삼아 "이 모든 일이 다 나 느부갓네살왕에게 임하였느니라"(단 4:28)라고 말한다. 강력한 증언이다. 그가 바벨론을 자기 능력과 권세로 건설하여 자기 도성으로 삼고 자기 위엄의 영광을 드러냈다고 자고하는 순간 그 모든 일이 현실이 되었다는 것이다. 누가 그의 왕좌를 빼앗았을까? 《아이스퀼로스 비극》에서 인간을 너무도 사랑했기에 제우스의 적이 되었던 프로메테우스는 제우스가 누구에 의해 왕홀을 빼앗기게 되냐는 이오의 질문에 "어리석은 계획에 의하여 그 자신이 자신에게서 빼앗게 되지요"[7]라고 대답한다. 자기가 자기 자신의 적인 것이다.

느부갓네살은 기한이 차서 하늘을 우러러보았더니 총명이 다시 돌아왔다고 고백한다. 그는 마침내 아름다운 신앙고백을 한다. "그러므로 지금 나 느부갓네살은 하늘의 왕을 찬양하며 칭송하며 경배하노니 그의 일이 다 진실하고 그의 행하심이 의로우시므로 교만하게 행하는 자를 그가 능히 낮추심이라"(단 4:37). 이방인 왕의 입에서 나오는 신앙고백은 공포와 두려움 속에 살고 있던 이들에게 큰 위안과 격려가 되었을 것이다.

지금 이 시대에도 동상의 욕망에 사로잡힌 이들이 많다. 시간이 초래하는 소멸을 공포로 느끼는 이들은 자기들의 흔적을 시간 속에 새겨 놓고 싶어 한다. 기념비를 세우고, 자기 이름으로 건물을 지으며, 지위를 자식에게 대물림하기도 한다. 동상은 시간을 공간화하려는 욕망이다. 우상 없이 기다릴 수 없는 이들이 동상을 만든다. 하나님 안에서는 망각 혹은 소멸조차 복이다. 그분 안에서 궁극적으로 사라지는 것은 없기 때문이다. 유대인들이 전해 주는 흥미로운 이야기가 있다.

> 바빌론의 느부가느네잘 대왕이 하느님을 찬양코자 했을 때 한 천사가 오더니 그의 얼굴을 때렸다. 코츠커는 물었다. "그의 의도는 하느님을 찬양하려는 것이었는데 어째서 얼굴을 맞아야 했는가?" 그는 스스로 이렇게 대답하였다. "너는 한편 왕관을 쓰고 있으면서 찬양하겠다는 것이냐? 어디 얼굴을 맞은 다음에 어떻게 찬양하는가 들어 봐야겠다."[8]

왕관을 벗지 않고는 하나님을 찬양할 수 없다. 동상의 욕망을 내려놓지 않는 이들은 스스로 몰락을 예비하고 있다고 말할 수 있지 않을까.

주

1. 나카마사 마사키, 《왜 지금 한나 아렌트를 읽어야 하는가?》, 김경원 옮김, 갈라파고스(2017년), pp.47-48
2. 이청준, 《당신들의 天國》, 문학과지성사(1993년), p.79
3. 이청준, 앞의 책, p.81ff
4. 이청준, 앞의 책, iv
5. 이청준, 앞의 책, p.384ff
6. 알베르 카뮈, 《반항하는 인간》, 김화영 옮김, 책세상(2007년), p.38
7. 아이스퀼로스, 《아이스퀼로스 비극》 '결박된 프로메테우스', 천병희 옮김, 단국대학교출판부(1998년), p.237
8. 아브라함 요수아 헤셸, 《진리를 향한 열정》, 이현주 옮김, 종로서적(1985년), p.153

갑의 욕망

09

물에 닿으면 제일 먼저 젖어드는 곳

한 사람의 몸과 마음에는 시간 여행자로 살아가는 동안 만난 이들의 흔적이 남아 있다. 그들의 말과 행동, 표정과 몸짓은 어떤 형태로든 우리 정신을 만드는 조형의 칼날 역할을 한다. 초록빛으로 일렁이는 숲을 통과한 사람에게서 청량한 숲 향기가 나는 것처럼, 맑고 깨끗한 영혼들과 만나 온 이들에게서는 청신한 향기가 난다. 그 반대의 경우도 있다. 물론 뻘밭에 핀 연꽃처럼 악조건 속에서도 아름다운 향기를 머금고 살아가는 이들도 있다. 어떤 경우도 일반화시킬 수는 없는 일이다.

정현종은 "비스듬히"라는 시에서 모든 생명은 어디 기대지 않으면 살 수 없다고 노래한다. "우리는 기대는 데가 많은데/기대는 게 맑기도 하고/흐리기도 하니/우리 또한 맑기도/흐리기도 하지요."[1]

서로 기댄 채 살아갈 수밖에 없는 인간 존재의 특성을 드러내기 위해 철학자 하이데거는 '서로 함께하는 존재'(Mit-Einander-Sein)라는 용어를 만들었던 것이 아닐까? 인간은 철저히 공속된 존재다. 너 없이는 나도 없다는 말이다.

가끔 나의 '있음'에 대해 놀랄 때가 있다. 일상의 분주함 속에서는 좀처럼 떠오르지 않지만, 홀로 있는 시간, 혹은 어떤 한계 상황에 직면했을 때, 지금 여기 있는 나는 없을 수도 있었다는 사실을 자각하고 아득해지는 것이다. 어떤 필연이 혹은 어떤 우연이 나를 이 자리에 있게 했을까? 스스로 믿음이 좋다고 생각하는 이들은 모든 생명의 근원과 목표는 하나님이라고 말함으로 질문자를 무색하게 만들기도 한다. 하지만 자기 존재에 대한 이런 의문은 시간에 떠밀려 사는 동안 하늘을 잊고 살아온 이들을 부르는 존재의 소환장이 아닐까?

감수성 예민한 시인 나희덕은 문득 자기 존재의 근원에 대한 궁금증에 사로잡혔던 것 같다. 그래서 이런 질문을 던진다. "나는 무엇으로부터 찢겨진 몸일까." 그는 자신이 세상의 일부분임을 잘 안다. 그래서 자기가 찢겨져 나온 그 전체를 그리워한다. 시인은 "유난히 얇고 어룽진 쪽을/여기에 대보고 저기에도 대본다." 강하고 분명한 것이 아니라 얇고 어룽진 쪽을 여기저기 대보는 것은 시인이 연약함과 아픔에 예민한 존재이기 때문일 것이다. 그래서 귀퉁이가 찢긴 열무 잎에도 대보고, 흰누에나방의 날개에도 대보고, 헝겊 조각에도 대보고, 어린 나뭇가지에도 대보고, 바닷물에 절인 해초 뿌리에도 대보고, 조개의 둥근 무늬에도 대보고, 잠든 딸의 머리띠에도 대보고, 남편의 옷에 묻어 온 개미 한 마리의 하염없는 기어감에 대보기도 한다. 시인은 자기 존재에 대한 물음에 형이상학적으로 접근하지 않는다. 비근한 일상 속에 깃든 어떤 기적에 주목하려 한다. 그러나 존재의 의문은 쉽게 풀리지 않는다. "물에 닿으면 제일 먼저 젖어드는 곳이 있어/여기에 대보고 저기에도 대보지만/참 알 수가 없다/종소리가 들리면 조금씩 아파오는 곳이 있을 뿐."[2] 존재의 뿌리를 느낄 수 있는 곳이 어딘지 도무지 알 수 없다. 하지만 시인은 물에 닿으면 제일 먼저 젖어드는 곳, 종소리가 들리면 조금씩 아파 오는 곳이야말로 생의 비의가 드러나는 통로인지도 모른다고 낮은 목소리로 말한다. 작고 여리고 아픈 것들에 주목할 때 우리 존재의 의미가 드러난다는 말일까?

그러나 악한 세상은 작고 여리고 아픈 것들을 소중히 여기지 않는다. 각자도생의 살풍경 속에서 그들은 언제나 억압과 착취에 시달린다. 역사 속에서 그들은 강자의 폭력 앞에 속수무책이었다. 그들은 존엄한 인격이 아니라 어떤 목적을 이루기 위해 언제든 동원될 수 있는 수단 혹은 반(半)인간(half-person)으로 간주되었다. 하나님은 이런 세상의 흐름을 끊기 위해 역사에 개입하신다. 구원 이야기는 이렇게 시작된다.

광야에서 홀로 선 사람

이스라엘 열두 지파의 선조인 야곱은 태어날 때부터 약자였다. 형 에서의 발뒤꿈치를 잡고 태어난 그는 유목 문화에 적합한 신체 조건을 갖추지도 못했고, 호방한 성격을 갖지도 못했다. 에서는 거친 광야를 누비며 살았지만, 야곱은 집 근처를 맴돌며 살았다. 에서는 붉은 콩죽 한 그릇에 장자권을 팔았다 하여 불신앙의 대명사처럼 여겨진 반면, 야곱은 장자권을 소중히 여긴 것으로 인해 신앙적인 인물로 묘사되기도 한다. 정말 그런가?

부재하는 것을 사모하면서도 이미 자기 손에 있는 것은 귀히 여기지 않는 게 인간의 버릇이다. 이미 손에 든 것은 당연의 범주에 속한다. 당연의 세계에는 감사가 없다. 야곱은 자기에게 없는 것을 손에 넣는 일에 익숙하다. 약자가 살아남기 위해서는 그런 기민함과 약삭빠름이 필요한 것일까? 눈이 어두운 아버지 이삭을 속여 에서에게 돌아갈 축복을 가로채기도 했다. 물론 어머니의 공모가 있었기에 가능한 일이었다. 하지만 그의 기민한 행동은 형 에서 속에 잠들어 있던 가인을 깨웠다. 에서는 아버지가 세상을 떠나 곡하는 기한이 지나면 야곱을 죽이겠다고 다짐한다. 형제간의 갈등은 창세기의 일관된 주제다. 창세기는 가인과 아벨, 이스마엘과 이삭, 에서와 야곱, 요셉과 그 형제들의 갈등과 화해 이야기가 중심축을 이룬다. 화해가 일어나기까지는 긴 격리의 시간이 필요하다.

야곱은 부득불 고향과 아버지 집을 떠날 수밖에 없었다. 아브라함처럼 하나님의 명령에 순종한 결과가 아니라, 다른 이의 가슴에 피멍이 들게 한 까닭에 그는 도망자처럼 고향을 등지게 된 것이다. 광야에 익숙하지 않은 사람 야곱이 광야 길을 가야 한다. 브엘세바에서 외가가 있는 밧단아람까지는 무려 900km에 이른다. 하루 30km씩 걸어도 30일이 걸린다. 도처에 위험이 도사리고 있는 광야를 허위단심으로 가야 한다.

광야, 그곳은 사람들을 단련시키는 곳이다. 하루 몇 리터의 물과 음식으로 버텨야 하는 곳, 그늘조차 찾기 어려운 광야 길을 가기 위해서는 자기 속에 있는 유약함과 감정의 물기를 다 빼야 한다. 노량으로 걸을 수 있는 길이 아니라, 목숨을 걸고 걸어야 하는 길이다. 지금까지는 어머니의 판단에 따라 비주체적으로 살아왔다면 이제는 스스로 판단하고 결정해야 한다. 생과 죽음 사이에 걸린 외줄 위에서 그는 위태로운 균형을 찾아야 했다. 척박하기 이를 데 없는 광야는 생략하는 법을 가르친다. 생략하고 또 생략한 후에 남는 것은 무엇일까? 자기가 얼마나 작은 존재인지에 대한 자각, 그리고 크고 위대하신 하나님이다.

야곱은 루스에 이르러 돌베개를 베고 누워 자다가 하나님을 만난다. 가장 외롭고 쓸쓸한 시간, 홀로 두려움과 마주 서야 하는 시간이 아니라면 언제 하나님을 대면할 수 있겠는가? 야곱은 하나님을 만난 그곳을 '하나님의 집' 곧 벧엘이라고 부른다. 하지만 그곳에서 야곱이 만난 것은 특정한 장소에 터를 잡고 있는 지역 신이 아니라, 그 백성들의 운명 속에 뛰어드시는 하나님이었다. 언제나 함께하고, 지키고, 이끌어 주시는 하나님 말이다. 야곱은 베개로 삼았던 돌을 가져다가 기둥으로 세우고 그 위에 기름을 부었다. 그 기둥은 벧엘 어딘가에 있을 테지만, 사실은 그 기둥이 우뚝 선 곳은 야곱의 마음이었다. 그 기둥으로 인해 그는 마침내 독립의 사람, 선 사람으로 탈바꿈하고 있었던 것이다.

프레카리아트

성경은 야곱이 브엘세바를 떠나 벧엘에 이르러 하나님을 만난 이야기를 간략하게 서술한 후에 곧바로 그가 밧단아람에 도착했다고 말한다. 그 여정 가운데서 일어난 일은 전혀 기술되지 않지만, 광야 길을 발밤발밤 걸어가는 동안 그는 어떤 시련에도 굴하지 않는 존재로 거듭나고 있었던 것이다.

   마침내 당도한 밧단아람, 외삼촌 라반은 생질이 도착했다는 소식을 듣고 달려와서 그를 영접한다. 지극한 환대다. 마침내 고난의 행군이 끝난 것일까? 한 달이 지나자 라반은 야곱에게 말한다. "네가 비록 내 생질이나 어찌 그저 내 일을 하겠느냐 네 품삯을 어떻게 할지 내게 말하라"(창 29:15). 라반의 제안은 합리적이다. 야곱은 즉시 답한다. "내가 외삼촌의 작은딸 라헬을 위하여 외삼촌에게 칠 년을 섬기리이다"(창 29:18). 라반도 그 제안을 기쁘게 받아들인다. 모든 것이 순조롭다.

곱고 아리따운 라헬을 아내로 맞이하기 위해 야곱은 칠 년을 며칠 같이 여기며 살았다. 마침내 기한이 차자 라반은 사람들을 불러 모아 큰 잔치를 베풀고는, 저녁이 되자 레아를 야곱에게 들여보낸다. 첫날밤을 치른 야곱은 아침이 되어서야 자기 곁에 있는 여인이 레아임을 알아본다. 항의해 보지만 현실을 되돌릴 수는 없다. 야곱은 비로소 자기가 난민의 처지임을 절감했을 것이다. 노련한 라반은 "언니보다 아우를 먼저 주는 것은 우리 지방에서 하지 아니하는 바"(창 29:26)라고 말하며 초례 기간인 이레가 지나면 라헬도 그에게 줄 터이니 자기를 위해 칠 년 동안 섬기라고 휘갑친다. 말은 무작하지 않지만 위력에 의한 강요나 마찬가지다. 야곱은 가족의 일원이라기보다는 일종의 프레카리아트(precariat)로 전락했다.[3] 그는 불안정한 노동 상황 속에서 자기 선택권을 잃어버렸다. 그는 식민화된 존재로 거기 머물 수밖에 없었다.

일찍이 야곱은 에서의 장자권을 속여 빼앗고 형이 받아야 할 축복까지 가로챔으로 형과 동생의 관계를 뒤집었다. 그런데 지금 똑같은 일이 벌어지고 있다. 레아와 라헬이 뒤바뀐 것이다. 속이는 자가 속임을 당했다. 심는 대로 거둔다는 말이 이런 것일까? 라헬을 아내로 맞이하기 위해 야곱은 라반의 제안을 받아들이지 않을 수 없었다. 야곱은 마음을 안추르며 칠 년을 더 일했다. 그 사이에 레아를 통해 아들들이 여럿 태어났다. 시녀들을 통해서도 아이들이 태어났고 마침내 라헬도 아들을 낳았다. 야곱은 이제 고향을 돌아가고 싶어졌다. 그래서 라반에게 자기 바람을 고한다. "나를 보내어 내 고향 나의 땅으로 가게 하시되 내가 외삼촌에게서 일하고 얻은 처자를 내게 주시어 나로 가게 하소서 내가 외삼촌에게 한 일은 외삼촌이 아시나이다"(창 30:25b-26). '내 고향', '나의 땅'이라는 표현 속에 담긴 객지 생활의 곤고함이 저절로 느껴진다.

누구나 자기 삶의 자리를 한번쯤 떠나기를 희구한다. 일상이 진부하다고 느낄 때, 혹은 일상의 무게를 감당하기 어려울 때 사람들은 '나를 아는 사람이 하나도 없는 낯선 곳에 가고 싶다'는 바람을 품는다. 사람들의 시선을 신경 쓰지 않고, 작은 일탈을 감행하고 싶은 것이다. 세상이 맡겨 준 역할 혹은 노릇에 충실하지 않고 자기 본능에 따라 한번쯤 살아 보고 싶은 꿈을 누가 저열하다 할 것인가. 안온한 일상은 때로 족쇄가 되어 우리를 현실에 가두어 놓는다. 하지만 떠남은 모험이다. 위험을 감수해야 하기 때문이다. 위험이 싫어 떠나지 않는 한 우리는 늘 구시렁거리며 사는 삶을 면하기 어렵다. 떠나고 싶다는 생각은 우리 속에 있는 근원적 그리움의 호출이다.

야곱은 일가를 이루었음에도 불구하고 라반 곁에서 부자유를 느낀다. 하지만 라반은 도무지 야곱의 마음을 헤아릴 생각이 없다. 다만 그의 부재가 가져올 손실에만 마음을 쓴다. 의도한 것이든 의도하지 않은 것이든 야곱은 수단에 불과하다. 야곱은 용기를 냈다. 더 이상 투명한 존재로 취급받기를 거절한 것이다. 그럼에도 불구하고 라반은 야곱을 행위의 주체로 인정할 생각이 없다. "여호와께서 너로 말미암아 내게 복 주신 줄을 내가 깨달았노니 네가 나를 사랑스럽게 여기거든 그대로 있으라 또 이르되 네 품삯을 정하라 내가 그것을 주리라"(창 30:27-28). 엄밀하게 보자면 이것은 외삼촌이라는 지위의 남용이다. 부드러운 제안처럼 들리지만 실은 야곱의 요구를 거절한 것이니 말이다. 야곱에게는 다른 선택의 가능성이 별로 없다. "지위와 특권을 분배하는 구조를 내버려 둔 채, 자신의 지위를 남용하는 사람들에게 원칙을 지키라고 호소하는 것만으로는 모욕이라는 공적 문제를 해결할 수 없을 것"[4]이라는 인류학자 김현경의 말도 이런 지점을 가리키고 있다.

책임적 존재로 산다는 것

라반의 태도는 아브라함과는 사뭇 대조적이다. 하나님의 부름을 받고 조카 롯과 더불어 불확실한 삶 속으로 성큼 들어섰던 아브라함은 떠돌이 생활 끝에 벧엘과 아이 사이에 장막을 친다. 그러나 늘어난 양과 소로 말미암아 동거하기 어려워지고, 목자들 사이의 다툼 또한 잦아지자 아브라함은 롯에게 분가를 제안한다. 그리고 롯에게 먼저 선택권을 준다. "네 앞에 온 땅이 있지 아니하냐 나를 떠나가라 네가 좌하면 나는 우하고 네가 우하면 나는 좌하리라"(창 13:9). 자기에게 위임된 책임을 제대로 감당하기 위해 우월적 지위와 그에 따른 선택 가능성을 포기할 때 평화가 깃든다. 아브라함은 이익의 동기에 의해 움직이는 사람이 아니라 의의 동기에 의해 움직이는 사람이었다.

노아는 "의인이요 당대에 완전한 자라"고 평가받은 사람이다. 그런데 하나님은 왜 그가 아닌 아브라함을 통해 구원사를 열어 가셨을까? 둘은 모두 순종의 챔피언들이다. 주께서 명하시면 둘은 지체없이 그 명령을 수행했다. 둘을 가르는 한 가지 차이점은 타자에 대한 책임의식이다. 노아는 자기 시대 사람들을 구하기 위해 어떤 노력을 했는지 알 수 없다. 다만 타락한 세상을 심판하시려는 하나님의 계획에 따라 방주를 만들었을 뿐이다. 아브라함은 하나님께서 소돔과 고모라를 심판하시려 한다는 사실을 알았을 때, 하나님 앞에 서서 "주께서 의인을 악인과 함께 멸하려 하시나이까"(창 18:23)라고 여쭙는다. 그리고 과감하게 그들을 구하기 위한 협상에 나선다. 의인 열 명이 없어 소돔은 망하고 말았지만, 하나님은 아브라함의 그런 태도를 귀히 보셨음에 틀림없다.

라반은 아브라함과는 매우 대조적이다. 그에게 중요한 것은 자기 이익의 확보이지 자기 삶의 주체가 되려는 야곱의 꿈이 아니다. 외삼촌이 "네 품삯을 정하라"고 말하고는 있지만 야곱은 그 말을 신뢰하지 않는다. 그렇기에 그는 라반에게 역제안을 한다. "오늘 내가 외삼촌의 양 떼에 두루 다니며 그 양 중에 아롱진 것과 점 있는 것과 검은 것을 가려내며 또 염소 중에 점 있는 것과 아롱진 것을 가려내리니 이 같은 것이 내 품삯이 되리이다"(창 30:32). 라반은 그 제안을 받아들인 후 즉시 자기 이익을 지킬 조치를 시행한다. "숫염소 중 얼룩무늬 있는 것과 점 있는 것을 가리고 암염소 중 흰 바탕에 아롱진 것과 점 있는 것을 가리고 양 중의 검은 것들을 가려 자기 아들들의 손에 맡기고 자기와 야곱의 사이를 사흘 길이 뜨게 하였"(창 30:35-36)던 것이다. 친족에 대한 의무 혹은 어른다움은 어디에서도 찾아볼 수 없다.

하지만 야곱은 그런 현실을 받아들이지 않는다. 모종의 조치를 통해 외삼촌의 가축 가운데 튼실한 것들을 자기 소유로 확보한다. 그 행동은 매우 주술적이어서 오늘의 관점에서 이해하기는 어렵다. 껍질을 벗겨 흰 무늬를 낸 가지를 짝짓기하는 양 앞에 세운다고 하여 양들이 얼룩얼룩하고 점이 있고 아롱진 것을 낳는다는 말을 어떻게 받아들여야 할까? 이것은 일종의 유머일까? 강자들의 폭력에 저항하기 위해 약자들 사이에 전승되는 이야기 말이다. 이야기는 꼭 논리적이거나 합리적이지 않아도 괜찮다. 어린 시절에 우리가 듣고 자란 이야기를 팩트로 믿는 사람은 없다. 하지만 민담과 전설을 통해 아이들은 삶의 복잡성과 삶의 곤경을 헤쳐 나가는 민중적 지혜를 배운다. 이야기는 진실의 전달 매체인 것이다. 브루노 베텔하임(Bruno Bettelheim)은 "옛이야기의 비현실적인 면(편협한 합리론자들이 반대하고 나서는)이 바로 옛이야기가 지닌 가장 중요한 장치"[5]라고 말한다.

셈법이 다를 때

야곱의 꾀로 인해 약한 것은 라반의 것이 되고 튼튼한 것은 야곱의 것이 되었다. 속이는 자가 더 크게 속이던 자를 다시 속인 셈이다. 결국 야곱은 번창하여 양 떼와 노비와 낙타와 나귀를 많이 거느리게 되었다. 라반의 아들들은 묘하게 돌아가는 사태를 수수방관하지 않았다. 그들은 고종사촌인 야곱이 아버지의 모든 소유를 빼앗아 자기 소유를 불렸다고 판단했다. 지난날 아버지가 야곱에게 한 부당한 행위에 대한 반성은 물론 없다. 라반도 안색이 달라졌다. 이전에 노련하게 야곱을 달래던 여유가 사라졌다.

야곱은 결국 떠날 때가 다가왔음을 깨닫고는 아내들을 자기 양 떼가 있는 들로 불러다가, 고향으로 돌아가려는 자기의 계획과 입장을 털어놓는다. "그대들도 알거니와 내가 힘을 다하여 그대들의 아버지를 섬겼거늘 그대들의 아버지가 나를 속여 품삯을 열 번이나 변경하였느니라"(창 31:6-7a). 이 고백 속에 야곱이 그동안 억눌러 왔던 쓸쓸한 감정이 다 녹아들어 있다. 결국 야곱은 가족들을 솔가하여 고향으로 돌아간다.

야곱의 말과 행동은 정당한가? 적어도 야곱의 입장에서는 그러하다고 말할 수 있다. 그는 외삼촌에게 부당한 대우를 받았다고 확신한다. 하지만 라반과 그 아들들의 생각은 조금 다를 수 있다. 그들은 야곱이 불의한 속임수로 자신들의 재산을 강탈했다고 생각한다. 이런 시차가 발생하는 것은 서 있는 자리가 다르기 때문이다.

2008년에 노벨 문학상을 수상한 르 클레지오(J.M.G. Le Clezio)가 서울을 배경으로 하여 쓴 소설의 주인공은 '빛나'라는 인물이다. 전라도 어촌 마을 출신인 그는 딸이 더 나은 교육을 받기 원하는 부모의 염원을 품고 서울로 유학을 온다. 지낼 곳이 마땅치 않았지만 다행히 고모가 그를 품어 준다. 청소년기를 지나고 있는 사촌 동생을 보살펴 주는 것이 그에게 기대되는 역할이었다. 숙제도 봐 주고, 방을 정리하거나, 집안일을 돕는 것도 그가 해야 할 일이었다. 하지만 사촌 동생은 도저히 통제 불능의 아이였다. 한바탕 소란이 벌어지면 고모의 비난도 따라왔다.

"배은망덕한 년 같으니. 너한테 얼마나 잘했는데, 네가 서울에서 살 수 있게 얼마나 도와줬는데, 여기가 아니었다면 너는 길거리에서 거지처럼 살았을 게다. 이 집이 싫으면 고기잡이하는 전라도로 돌아가지 그러니. 시장에서 생선 비늘 긁고 내장이나 따면서 살란 말이다."[6]

어쩌면 라반의 마음이 이랬던 것이 아닐까 싶다. '고향에서 말썽을 부리고 도망 나온 녀석을 살뜰하게 거둬 주고, 딸들까지 줬건만, 이렇게 뒤통수를 치다니.' 야곱의 마음은 아내들에게 토로한 말 속에 오롯이 담겨 있다. 그는 가족 간의 연대감을 유지해야 할 의무를 진 외삼촌으로부터 종처럼 취급받았다고 생각한다. 서로의 셈법이 다르기에 발생하는 문제다. 그러나 양비론으로 이 사태를 접근해서는 안 된다. 라반의 문제는 무엇일까?

경제학자들이 인간의 본성을 이해하기 위해 한 연구 가운데 '독재자 게임'(Dictator game)이라는 게 있다. 학자들은 실험 참가자들을 갑과 을로 나눈다. 10만 원의 돈을 받은 갑은 그중 얼마를 을에게 줄 것인가를 선택해야 한다. 을은 아무런 선택도 할 수 없다. 실험 결과 갑에 속한 이들 가운데 60% 정도는 기꺼이 을에게 돈을 나누어 주었다고 한다. 평균 액수는 대략 가진 돈의 20%였다. 학자들은 이 게임 결과를 가지고 인간에게 이타적인 면이 있다고 말한다.

그런데 그들은 게임의 룰을 바꾸어 보았다. 일종의 빼앗기 게임이다. 을은 1만 원을 이미 갖고 있다. 갑은 본인이 가진 10만 원 중의 일부를 을에게 줄 수도 있고 을이 가진 1만 원을 빼앗을 수도 있다. 이번에도 을은 아무것도 할 수 없다. 결과는 놀라웠다. 먼저 했던 독재자 게임에서 돈을 나눠 가졌던 다수의 갑들이 두 번째 게임에서는 을의 돈을 빼앗는 결정을 했던 것이다. 이런 현상을 어떻게 설명해야 할까?

"이처럼 돌변하는 이유는 프레임이 우리의 의사 결정과 행동에 영향을 미치기 때문입니다. 행동경제학에서 프레이밍 효과(framing effect)라고 부르는 것입니다. 독재자 게임에서 실험 참가자들은 이타심을 평가받는다는 인식을 하고 그에 순응합니다. 반면 두 번째 게임에서는 빼앗는 행위가 허락되었기 때문에, 죄책감 없이 상대방의 돈을 빼앗는 결정을 합니다. 빼앗는 행동이 허락되지 않았다면 조금만 주고 말았을 수도 있습니다. 갑의 욕망은 '갑질'할 수 있는 위치에 선 순간 터져 나올 수밖에 없다는 분석입니다. 자신이 을의 위치에 있을 때는 그렇게 하지 않을 것이라고 생각하지만, 갑질할 수 있는 위치에 오르면 갑의 욕망으로부터 자유롭기가 쉽지 않습니다. 갑을 관계 자체가 구조악이 될 수 있는 가능성이 매우 큽니다."7)

이런 실험 결과를 라반의 경우에 대입해 볼 수 있겠다. 그는 선의로 조카를 보살폈다고 생각했지만, 갑의 위치에 있다는 사실만으로도 자신이 구조악이 될 수 있다는 사실에는 눈을 감았다. 더 많은 것을 소유하고 싶은 욕망이 그의 눈을 가려 정의와 공의의 원리를 외면하게 했다는 말이다. 양 아흔아홉 마리를 들에 두고 잃어버린 한 마리의 양을 찾아가는 목자의 마음을 내면화하고 살기란 여간 어려운 일이 아니다. 하지만 신앙생활이란 욕망의 인력에 끌리는 자신의 모습과 한계를 직시하면서, 하나님의 은총 앞에 자신을 바치는 행위가 아니던가?

하나님의 마음과 접속한 이들의 으뜸 되는 특질은 공감과 연민이다. 처음부터 라반이 야곱을 수단으로 삼았던 것은 아닐 것이다. 오랜만에 만난 조카에 대한 최초의 반가움이 스러지고 난 후부터 그는 자기도 모르는 사이에 조카를 수단으로 대하고 있었던 것이다. 익숙해진다는 것은 이렇게 무서운 것이다. 그렇기에 자꾸만 우리 마음을 하나님께 가져가야 한다.

13세기 페르시아의 신비주의 시인인 루미(Jalāl ud-dīn Muhammad Rūmī)는 "소용돌이치는 버릇이 물에 들었거든/바닥을 파서 바다까지 길을 내어라"[8] 권한다. 마찬가지다. 우리 몸과 마음에 밴 나쁜 버릇을 고치기 위해서는 우리를 하나님께 돌려보내야 한다. 라반은 먼 데 있지 않다. 어쩌면 우리 자신이 누군가에게 라반인지도 모른다.

주

1. 정현종, 《견딜 수 없네》, '비스듬히', 시와시학사(2003년)
2. 나희덕, 《어두워진다는 것》, '흔적', 창작과비평사(2001년)
3. 프레카리아트는 폴란드 출신의 사회학자 지그문트 바우만이 제안한 개념으로 프롤레타리아와 '불안정하다'는 뜻의 프리캐리어스(precarious)를 결합시킨 단어다. 그들은 "불안정한 사회적 지위에 위협을 느끼고, 일자리·소득·재산 등을 잃거나 좌천·배제·거부되지나 않을까 하는 두려움에 사로잡힌 사람들"이다. (지그문트 바우만·스타니스와프 로비레크, 《인간의 조건》, 안규남 옮김, 동녘(2016년), p.73)
4. 김현경, 《사람, 장소, 환대》, 문학과지성사(2016년), p.165
5. 브루노 베텔하임, 《옛이야기의 매력1》, 김옥순·주옥 옮김, 시공주니어(2012년), p.43
6. 르 클레지오, 《빛나 서울 하늘 아래》, 송기정 옮김, 서울셀렉션(2017년), p.11
7. 김재수, 《99%를 위한 경제학》, 생각의힘(2016년), pp.19-20
8. 잘랄루딘 루미, 《루미 詩抄》, 이현주 옮김, 선우(1999년), p.103

영의정과 좌의정

10

그 운명의 날

누구에게나 삶의 결정적인 순간이 있다. 예기치 않게 찾아와 인생의 방향을 바꿔 놓는 순간 말이다. 만해 한용운은 "님의 침묵"에서 그런 경험을 이렇게 노래한다. "날카로운 첫 키스의 추억은 나의 운명의 지침을 돌려놓고, 뒷걸음쳐서 사라졌습니다." 경험은 한순간일 수 있지만, 그 경험이 몸과 마음에 새겨 놓은 흔적은 시간이 흘러도 좀처럼 지워지지 않는다. 양 떼를 이끌고 호렙 산을 떠돌던 모세는 불타는 가시덤불과 만난 순간, 더 이상 이전의 삶을 지속할 수 없었다. 이처럼 어떤 만남은 우리 삶의 지속성을 차단하고, 생각해 보지도 않던 길로 우리를 인도한다. 민주화실천가족운동협의회의 어머니와 아버지들, 세월호 유가족들의 경우도 마찬가지다. 그 운명의 날은 그분들의 삶을 영원히 바꿔 놓았다.

오스트리아 출신의 유대계 작가 장 아메리(Jean Améry)는 나치의 절멸 수용소에서 겪었던 참담한 경험을 인류 앞에 증언하고 있다. 수용소에서 겪은 고문 경험은 그의 영혼에 찍힌 영원한 낙인이었다. 그는 고문을 "타자에 의한 내 자아의 경계 침해"[1]라고 말한다. 누구의 도움도 기대할 수 없는 절대 고독 속에서 고통에 울부짖으며 속절없이 고문을 당하는 사람은 더 이상 정신이 아니라 육체일 뿐이다. 자기에게 고통을 가하는 자를 절대자처럼 인식할 수밖에 없는 상황은 부조리하기 이를 데 없다. 그래서 장 아메리는 "고문에 시달렸던 사람은 이 세상을 더 이상 고향처럼 느낄 수 없다. 절멸의 수치심은 사라지지 않는다"[2]고 말한다. 그는 결국 그 수치의 기억에서 벗어나지 못한 채 자살로 생을 마감한다.

부정적인 경험만 있는 것은 아니다. 예언자들의 소명 이야기는 정반대의 경험이라 할 수 있다. 하나님의 영이 마치 바람처럼 그들에게 다가올 때 그들은 하나님의 아픔에 공감했고, 하나님의 분노에 사로잡혔다. 아브라함 조수아 헤셸은 예언자들을 가리켜 '하나님의 정념에 사로잡힌 자들'이라고 말한다. 사로잡혔다는 것은 자기의 의지와 무관하게 어떤 일이 벌어졌음을 뜻한다. 삶은 선택이라지만, 우리가 선택하지 않은 일이 우리 삶의 틀을 바꿀 때가 더 많다.

그 운명의 날, 야고보와 요한 형제는 갈릴리 호숫가에 배를 정박시킨 채 그물을 수선하고 있었다. 조상 때부터 이어 온 가업을 그들은 운명인 양 받아들이고 있었다. 하지만 헤롯 안티파스의 야심 때문에 갈릴리 어부들의 상황은 점점 열악해지고 있었다. 배와 그물의 크기에 따라 세금을 내야 했고, 땀 흘려 잡아 올린 물고기도 마음대로 처분할 수 없었다. 외화벌이에 혈안이 된 헤롯이 호숫가에 지어 놓은 염장 공장에 헐값으로 넘겨야 했기 때문이다. 어부들 가운데는 이꼴 저꼴 보기 싫다며 배를 물속에 수장시키는 이도 있었다. 갈릴리는 절망의 심연이었다. 그때 예수가 찾아왔고, 사람 낚는 어부가 되라는 부름에 응답하여 그들은 생업을 떠났다. 그 결정적인 순간이 그들의 삶을 영원히 바꿔 놓았다.

'로마의 평화'(Pax Romana)라는 허구가 사람들의 의식을 옥죄고 있던 때, 힘이 정의인 양 인식되던 그 암울한 시대에 그들은 주류에 편입되기를 포기하고 비주류의 길로 들어섰다. 염세적인 비주류 혹은 은둔형 비주류가 아니라 세상을 토대부터 바꾸려는 실천적 비주류의 길이었다. 예수가 그들 속에 심어 준 하나님 나라의 꿈이 서서히 타오르기 시작한 것이다.

예수를 통해 나타나는 이적들은 그들의 꿈이 헛된 꿈이 아니라는 사실을 방증했다. 숨 죽인 채 로마의 통치를 운명처럼 받아들이던 이들이 조금씩 반응하기 시작했고, 새로운 세상이 목전에 온 것 같았다. 야고보와 요한을 비롯한 다른 제자들의 가슴이 부풀어 올랐다. 스승으로 모시던 예수는 스승을 넘어 메시아적 존재로 인식되기 시작했다. '어쩌면 이분이 예언자들을 통해 약속된 그분인지도 모르겠다'는 생각에 그들은 살짝 흥분했다. 더 이상 자기들은 역사의 수동적 객체가 아니라는 사실, 혁명적인 변화의 전위에 서 있다는 사실이 그들을 일종의 흥분상태로 몰아넣었던 것일까? 제자들은 예수에게 자기들의 꿈을 투사했다.

어떤 메시아를 기다리나

오랫동안 사람들은 메시아의 도래를 고대했다. 그가 오면 역사의 부정성은 제거되고, 삶의 역전이 일어나리라 기대했다. 그리고 그러한 기대는 번번이 절망으로 변하곤 했다. 독립전쟁을 통해 외세를 몰아내고 새로운 왕조를 세운 마카베오 가문은 얼마 지나지 않아 부패와 타락의 늪에 빠지고 말았다. 메시아를 자칭하는 이들이 더러 나타나곤 했지만 그들은 사람들에게 더 깊은 환멸을 안겨 줄 뿐이었다.

예수도 자칫 잘못하면 투사된 메시아가 될 수 있었다. 하지만 그는 사람들의 희망이 자신에게 집중되는 것을 한사코 거절했다. 마케루스 산성에 갇힌 채 운명의 날을 기다리던 세례자 요한이 제자들을 보내 "오실 그이가 당신이오니이까 우리가 다른 이를 기다리오리이까" 하고 물었을 때 예수는 가타부타 대답하지 않으셨다. 다만 당신이 있는 곳에서 벌어지는 사건들을 요한에게 전하라 이르실 뿐이었다. "맹인이 보며 못 걷는 사람이 걸으며 나병환자가 깨끗함을 받으며 못 듣는 자가 들으며 죽은 자가 살아나며 가난한 자에게 복음이 전파된다 하라"(마 11:5). 예수의 이 말은 하나님의 나라가 어떻게 도래하는지를 보여 주는 동시에 권력에 대한 세상의 관념을 거절한 셈이었다.

가이사랴 빌립보에서 베드로는 "너희는 나를 누구라고 하느냐"라는 예수의 질문에 "주는 그리스도시요 살아 계신 하나님의 아들이시니이다"라고 대답한다. 빌립이 황제에게 헌정하기 위해 세운 도시, 선진적인 헬라와 로마 문화의 선전장이 된 그 도시, 로마의 신상들이 우글거리는 그곳에서 베드로는 예수가 걷는 그 길만이 영원하다고 고백한 셈이다. 베드로는 그 길의 의미를 안 것일까? 그렇지 않은 것 같다. 그의 신앙고백은 불완전하다.

예수가 제자들에게 예루살렘에 올라가서 겪게 될 수난의 현실을 예고하자 그는 당장 그래선 안 된다고 말한다. 베드로의 신앙고백에는 아직 고난의 자리가 없다. 예수와 여러 해 동행했지만 그들은 여전히 메시아에 대한 통념을 넘어서지 못했던 것이다. 월터 윙크(Walter Wink)는 사람들을 사로잡고 있던 부정적인 메시아 희망을 간결하지만 강력하게 요약한다.

"사람들은 자신들에게 무엇을 하라고 말해 줄 권위적인 인물을 원한다.
사람들은 자기들이 만들어 낸 곤란한 상태에 대해 누군가가 책임을 져 주기를 원한다.
사람들은 누군가가 모든 것을 변화시켜 주기를 원해서 자기들은 변화하지 않으려고 한다.
그들은 지도자가 선(善)한 것으로 간주하는 것을 모든 사람에게 강제로

부과하는 강력한 지도자를 원한다

(중략)

사람들은 자기들의 소망을 투사해서 우상화시킬 사람을 원한다.

사람들은 우주적 젖가슴을 지니고 자신들을 돌보아 줄 사람을 원한다."3)

어쩌면 당연한 일인지도 모르겠다. 절망의 심연에 빠진 이들은 희망을 구성할 힘을 내기 어려운 법이다. 희망도 단초가 필요하기 때문이다. 《홍길동전》의 저자 허균의 '호민론'(豪民論)은 이러한 상황을 잘 보여 준다. 그는 백성들을 항민(恒民), 원민(怨民), 호민(豪民) 등 세 부류로 나눈다.4) 늘 눈앞의 일에 매여 윗사람에게 부림을 당하는 이들이 항민이다. 힘 있는 이들의 폭력에 시달리고, 가진 것을 다 빼앗기면서도 속으로만 윗사람을 탓할 뿐 저항할 줄 모르는 이들이 원민이다. 그에 반해 천지간을 흘려 보다가 시대적 상황이 맞아떨어지면 들고 일어나 역사를 변혁시키려 하는 이들이 호민이다. 지배자들은 항민이나 원민은 두려워하지 않는다. 다만 호민들의 발흥을 경계할 뿐이다.

1세기 팔레스타인에서 다수의 하류층 사람들은 자신을 역사의 주체로 세울 힘이 없었다. 그래서 항민이나 원민으로 살아가고 있었다. 초기 그리스도 교회사를 연구한 에케하르트 슈테게만과 볼프강 슈테게만 형제는 지배층에 속하지도 못하고, 지배층을 위해 봉사하는 사람들 축에 끼지도 못하는 사람들을 하위 계층으로 분류한다.

"농촌에서는 농업 노동자나 소작인(georgos), 날품팔이(misthios), 품삯 노동자, 채무 때문에 종이 된 노예가 있었고, 도시에서는 소규모 장사꾼과 사업 경영자가 있었다. 거지·창녀·목자·노상강도도 하위 계층에 속하는데, 좀 더 정확하게 말하자면 이들은 하위층에서도 가장 밑바닥, 즉 최저생계 수준 이하의 삶을 살고 있었다."[5]

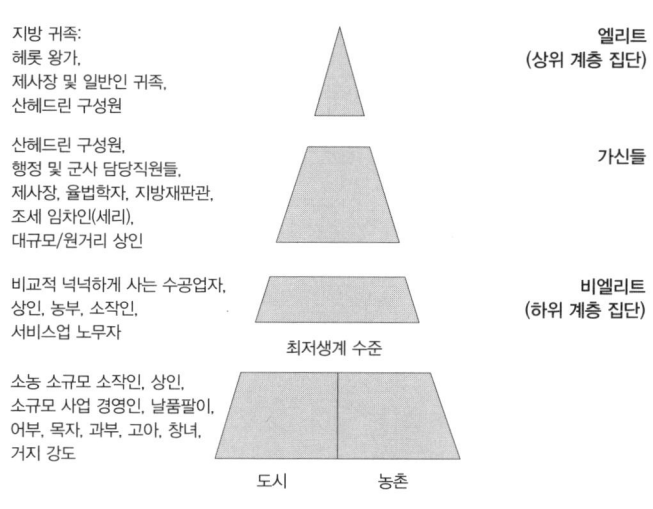

사회 계층 피라미드: 이스라엘 땅 유대 사회의 계층 구조[6]

이 단절적인 사회계층을 뛰어넘을 가능성은 거의 없었다고 보아야 할 것이다. 피라미드처럼 조직화된 사회 구조의 윗단에 있는 이들은 아랫단 사람들의 진입을 허용하지 않는다. 그들은 조직적으로 혹은 심리적으로 그것을 방해하기도 한다. 거짓 종교는 사회적 위계를 일종의 숙명처럼 포장함으로 그런 불의한 구조를 영속화하는 데 기여하기도 한다. 가진 자들의 입이 되어 그들이 주는 보상에 탐닉하는 순간 종교는 타락한다.

십자가에 못 박힌 분의 권위

그런 현실을 너무도 잘 알았기 때문이었을 것이다. 제자들은 예수와 함께 세상을 전복할 수 있다는 희망에 부풀었다. 이스라엘의 삶과 신앙의 중심인 예루살렘에 입성하는 순간을 그들은 설레는 마음으로 기다렸다. 예수가 세 번에 걸친 수난 예고를 하셨건만 제자들은 스승의 괴로움을 알아차리지 못한다. 자기 생각에 골똘했기 때문이다.

수난의 길로 접어든 바로 그때 세베대의 아들들이 예수를 찾아와서 청한다. "주의 영광 중에서 우리를 하나는 주의 우편에, 하나는 좌편에 앉게 하여 주옵소서"(막 10:37). 다른 열 제자가 그 말을 듣고 야고보와 요한에 대하여 화를 냈다. 둘의 청탁은 제자들 속에 잠들어 있던 은밀한 욕망을 깨웠다. 감히 발설할 수는 없었지만 마음으로 바라마지 않던 일이 아닌가? 마치 선수를 빼앗긴 것처럼 그들은 화를 낸다. 그들 속에 깃든 그림자가 드러나는 순간이다.

마태는 이 사건을 전하면서 제자들에 대해 부정적 인식을 일으킬 수도 있는 가시를 미리 제거한다. 청탁의 주체를 야고보와 요한이 아니라 그들의 어머니로 소개하고 있다(마 20:20). 그리고 화를 내던 다른 제자들의 모습은 아예 생략했다. 어쨌거나 적나라하게 드러난 세베대 아들들의 욕망으로 인해 공유된 목표인 하나님 나라를 지향하던 제자단은 보이지 않는 헤게모니 다툼으로 인해 긴장 상황에 놓이게 된다. 안타깝지만 그게 그들의 영적 실상이었다. 하지만 증상이 나타나면 치료 방법도 있는 터. 예수는 마치 외과수술을 하듯 그들의 그릇된 사고를 도려낸다.

"이방인의 집권자들이 그들을 임의로 주관하고 그 고관들이 그들에게 권세를 부리는 줄을 너희가 알거니와 너희 중에는 그렇지 않을지니 너희 중에 누구든지 크고자 하는 자는 너희를 섬기는 자가 되고 너희 중에 누구든지 으뜸이 되고자 하는 자는 모든 사람의 종이 되어야 하리라"(막 10:42-44).

가치관의 전복이다. 힘은 지배의 수단이 아니라 섬김의 도구일 뿐이다. 지배하는 주체의 전복만으로는 세상이 달라지지 않는다. 힘에 대한 생각이 달라져야 한다. 말구유에서 태어난 예수는 철저히 낮은 자의 시선으로 세상을 바라본다. 그는 갈릴리와 유대 지역의 억압받고 소외된 이들, 로마 제국의 지배하에서 거덜난 이들, 성전 체제에 의해 죄인으로 규정된 이들의 아픔의 관점에서 세상을 보았다.

오늘의 교회는 어떠한가? 이런 관점을 공유하고 있는가? 우리 현실은 안타깝게도 그렇지 못하다고 말한다. 교회가 강자들의 호의에 의지하려 할 때 타락의 길로 접어들고, 동원할 수 있는 인적·물적 자원이 많아질 때 그 전략은 가속화되게 마련이다. 예수의 사도직은 실패와 연약함 속에서 수행되어야 한다.

"교회가 그 (어디까지나 필요하고도 정당한) 권위를 걸핏하면 지배에 의하여 확보하려 한다는 것은, 교회 본연의 모습을 흐리게 하는 가장 큰 비극의 하나다. 실은 이렇게 할 때에 바로 교회의 권위 자체가 실추되고 복음이 막중하게 손상된다. 진정한 권위는 지배를 단념하고 무력해졌을 때라야 빛이 나는 법이다. 이것이 십자가에 못 박힌 분의 권위다."[7]

복음의 권위가 손상되는 것은 교회가 가난해서가 아니다. 유력자가 없어서도 아니다. 예수 정신을 꼭 붙들지 않기 때문이다. 교회가 풍요를 지향하는 순간 예수 정신으로부터 멀어지게 마련이다. 십자가의 신학이 아닌 영광의 신학에 취할 때 복음의 능력은 사라진다. 1996년에 세상을 떠난 신학자 이정용은 "예수의 출생과 성육신 이야기는 신적 주변화의 이야기"[8]라고 단언한다. 수태의 순간부터 십자가의 죽음에 이르기까지 그의 삶은 온통 주변성의 증언으로 넘친다. 외양간, 말구유, 갈릴리, 나사렛, 가난하고 병든 이들과의 연대, 십자가…. 이정용은 예수가 광야에서 사탄에게 받은 유혹을 중심과 주변이라는 틀 속에서 읽어 낸다.

"주변부 관점에서 보면 사탄은 중심 중의 중심으로 활동하는 자기중심적 힘(force)이 의인화된 존재다. 사람들은 이 힘 때문에 중심을 추구하는데, 그것은 부와 명예와 지배라는 세 가지 형태로 나타난다."[9]

첫 번째 순교자

부와 명예와 지배를 추구하는 것은 예수의 길이 아니다. 주님은 세베대의 아들들과 또 다른 제자들의 마음속에 깃든 그 허망한 열정을 보고 적잖이 실망하셨을 것이다. 아직도 그들은 진정한 제자의 길에 들어서지 못했다. 하지만 그렇다고 하여 그들을 포기할 수도 없다.

"너희는 너희가 구하는 것을 알지 못하는도다. 내가 마시는 잔을 너희가 마실 수 있으며 내가 받는 세례를 너희가 받을 수 있느냐."
"할 수 있나이다."
"너희는 내가 마시는 잔을 마시며 내가 받는 세례를 받으려니와 내 좌우편에 앉는 것은 내가 줄 것이 아니라 누구를 위하여 준비되었든지 그들이 얻을 것이니라"(막 10:38-40).

우문현답이 아니라 현문우답이다. 그들은 여전히 권력이라는 미망에서 깨어나지 못했다. 그렇기에 예수의 말 속에 담긴 속뜻을 헤아릴 수 없었다. '할 수 있나이다.' 어리석은 장담이다. 시련의 시간이 찾아오기까지 그들은 자기가 한낱 사람에 지나지 않는다는 사실을 깨닫지 못한다. 사정은 다른 제자들도 마찬가지다. 겟세마네 동산에서 주님은 "오늘 밤에 너희가 다 나를 버리리라"고 말씀하시자, 베드로는 "모두 주를 버릴지라도 나는 결코 버리지 않겠나이다" 하고 장담한다. "오늘 밤 닭 울기 전에 네가 세 번 나를 부인하리라" 하시자 그는 더욱 확고한 어조로 말한다. "내가 주와 함께 죽을지언정 주를 부인하지 않겠나이다"(마 26:31-35).

이 말이 베드로의 진심임은 분명하다. 그는 분명히 스승과 함께 죽을 각오가 되어 있었다. 하지만 그가 알지 못한 것이 있다. 인간의 굳은 의지와 생각은 예기치 않은 운명의 일격으로도 허망하게 무너질 수도 있다는 사실이다. 무너짐 그것은 쓰라림을 동반한다. 무너짐을 통해 처절히 부서지는 이들도 있지만, 무너짐을 통해 더욱 단단하게 일어서는 이들도 있다. 똑같이 예수를 버렸지만 유다는 자살로 생을 마감했고, 제자들은 되돌아서서 다시금 진리의 길을 뚜벅뚜벅 걸었다.

야고보는 제자들 가운데 첫 번째 순교자가 되었다. '내가 마시는 잔을 네가 마실 수 있느냐'라는 질문에 그는 '예'라고 대답했다. 그리고 그대로 되었다. 그는 영광의 보좌에 앉아 세상을 호령하는 사람이 아니라 죽어서라도 가야만 할 예수의 길을 가리키는 이정표가 되었다. 그래서일까? 칼릴 지브란(Kahlil Gibran)은 그의 책 《사람의 아들 예수/예언자》에서 야고보를 예수에 대한 첫 번째 증언자로 삼는다.

"보라, 땅이 푸른 옷을 입었구나. 그리고 시내들이 어떻게 은으로 그 옷가에 선을 둘렀나를 보라. 참말 땅은 아름답고, 그 위에 있는 모든 것이 아름답다. 그러나 너희가 보는 저 모든 것보다 더한 한 나라가 있다. 나는 거기서 다스릴 것이다. 그리고 너희가 만일 하고자 한다면, 그렇다, 너희가 정말 원하기만 한다면, 너희도 또한 거기 가서 나와 한 가지로 다스릴 것이다. 내 얼굴도 너희 얼굴들도 탈을 쓰지 않을 것이고, 우리 손에 칼도 홀(笏)도 들지 않을 것이고, 우리 아래 있는 것들이 우리를 평안한 마음으로 사랑할 것이지, 우리를 두려워하지 않을 것이다."[10]

야고보는 그런 세계에 이른 것일까? 높은 자리가 아니라 지배와 피지배 관계가 해체된 세계, 힘으로 누군가를 억압하거나 빼앗지 않는 세상, 사람들이 서로를 적대적 시선으로 바라보거나 의구심을 품고 바라보지 않는 세상 말이다. 요한 또한 자기 한계를 넘어 예수의 증언자로 한 생을 살았다.

더 이상 용꿈을 꾸지 말라

희망을 잃은 젊은이들이 세상을 떠돈다. 좌절된 욕망으로 인해 영혼이 뒤틀린 이들도 있고, 세상 질서에 순치되어 저항하기를 포기한 이들도 있다. 길들여진 젊음처럼 슬픈 게 또 있을까? 젊음의 특색은 불온함이라는데 불온함을 거세당한 젊은이들이 너무 많다. 개천에서 용이 나는 시대는 영원히 지나가 버렸다.

사실 누구나 용이 되기를 꿈꾸는 세상은 타락한 세상이다. 용꿈은 우리를 경쟁 속으로 밀어 넣고, 경쟁은 필연적으로 타자를 경계하게 만든다. 그때 타인은 함께 살아가야 할 이웃이 아니라 극복해야 할 대상이 된다. 오늘 우리가 꾸어야 할 꿈은 용꿈이 아니다. 그릇된 욕망의 문법에 따라 살던 삶에 작별을 고하고 예수가 보여 주신 새로운 문법에 따라 삶을 재조직해야 한다. 어리석어 보이는 십자가가 세상을 구한다. 앨프레드 테니슨(Alfred Tennyson)의 시 "율리시스"의 한 대목이 떠오른다.

오라 나의 친구들이여,
더 새로운 세계를 찾기에 너무 늦지는 않았다.
배를 저어라, 줄지어 앉아서
소리치는 파도 이랑 만들며 가자. 나의 목표는
내가 죽을 때까지, 석양 저 너머로,
모든 서녘 별이 자맥질하는 저 너머로 항해하는 것.
(중략)
한결같이 영웅적인 기백이, 시간과 운명으로
쇠약해지긴 했어도, 애쓰고, 추구하고,
포기하지 않고 버텨 낼 강한 의지력이 아직도 있다.[11]

세상이 아무리 우리를 허망한 열정의 길로 내몰아도 마땅히 가야 할 길로 가는 이들이 있다. 애쓰고, 추구하고, 버텨 내는 그들을 통해 새 하늘과 새 땅은 움터 나온다.

주

1. 장 아메리, 《죄와 속죄의 저편》, 안미현 옮김, 길(2012년), p.80
2. 장 아메리, 앞의 책, p.91
3. 월터 윙크, 《참사람》, 한성수 옮김, 한국기독교연구소(2014년), p.244
4. http://blog.daum.net/newmountain/771
5. 에케하르트 · 볼프강 슈테게만, 《초기 그리스도교의 사회사》, 손성현 · 김판임 옮김, 동연(2009년), p.223
6. 에케하르트 · 볼프강 슈테게만, 앞의 책, p.227
7. G. 로핑크, 《예수는 어떤 공동체를 원했나?》, 정한교 옮김, 분도출판사(1991년), p.198
8. 이정용, 《마지널리티》, 신재식 옮김, 포이에마(2014년), p.127
9. 이정용, 앞의 책, p.136
10) 칼릴 지브란, 《사람의 아들 예수/예언자》, 함석헌 옮김, 한길사(1987년), p.12
11) 앨프레드 테니슨, 《테니슨 시선》, 윤명옥 옮김, 지식을만드는지식(2011년), pp.49-50

곳간을 채운 부자

11

영혼의 독백

부자 되기 싫은 사람이 있을까? 부자는 선망의 대상이거나 질시의 대상이다. 돈은 사람에게 유사 전능함을 안겨 준다. 돈으로 못할 일이 없는 것처럼 보이는 세상이다. 에덴동산에서 뱀은 그 금단의 열매를 먹는 순간 '눈이 밝아져 하나님과 같이' 될 것이라는 말로 여자를 유혹했다. 모든 달콤한 유혹 속에는 '하나님과 같이 될 것'이라는 뱀의 말이 메아리치고 있다. '신처럼 된다는 것'은 오늘날 암암리에 무한한 자유를 행사하고, 자기 뜻을 다른 이에게 언제라도 부과할 수 있는 것으로 여겨진다. 돈은 변형된 신이다. 자본주의는 사람이 아닌 돈이 중심인 체제다. 그 체제는 사람들의 욕망을 확대 재생산함으로써 유지된다.

소비사회의 개인은 남과 같아지기를 바라는 동시에 남과 구별되기를 바라는 모순적인 욕망 속에서 바장인다. 욕망은 타자를 통해 매개되는 것이기에, 타자에게 눈길을 주며 사는 순간 우리는 확고하게 자본주의 체제의 신민으로 편입되고 만다. 그 속에서는 누구도 자유를 누리지 못한다. 그럼에도 불구하고 사람들은 부자가 되고 싶어 한다. 기독교인이라고 해서 예외는 아니다. 부자가 천국에 들어가기 어렵다는 말씀은 그저 불편한 말씀일 뿐, 그 말씀 때문에 부를 내려놓는 이들을 찾아보기 어렵다.

어느 날 무리 중의 한 사람이 예수께 "선생님 내 형을 명하여 유산을 나와 나누게 하소서" 하고 청하자 예수는 일언지하에 그 청을 거절하면서 "삼가 모든 탐심을 물리치라 사람의 생명이 그 소유의 넉넉한 데 있지 아니하니라"(눅 12:15) 하고 말씀하신 후에 비유 하나를 들려주셨다.

한 부자가 있었다. 풍년이 들어 그의 밭에서 난 소출이 풍성했다. 여문 이삭에 깃든 황금빛 광채가 사뭇 뿌듯했을 것이다. 한 가지 근심이 생겼다. 곡식을 쌓아 둘 곳이 마땅치 않은 것이다. 곰곰이 생각하던 그는 결국 해결책을 찾았다. "내가 이렇게 하리라 내 곳간을 헐고 더 크게 짓고 내 모든 곡식과 물건을 거기 쌓아 두리라." 스스로 흐뭇해진 그는 자기 영혼을 위무하듯 말한다. "영혼아 여러 해 쓸 물건을 많이 쌓아 두었으니 평안히 쉬고 먹고 마시고 즐거워하자 하리라." 이렇게 자기 뜻대로 된다면 얼마나 좋겠는가? 그러나 불행히도 그는 자기 생명의 유한함을 자각하지 못하고 살았다. 하나님을 염두에 두지 않았다는 말이다. "하나님은 이르시되 어리석은 자여 오늘 밤에 네 영혼을 도로 찾으리니 그러면 네 준비한 것이 누구의 것이 되겠느냐"(눅 12:20). 이 질문은 가혹하다. 극단적인 상황을 가정하고 있으니 말이다.

시편 제3권의 서론 격인 시편 73편의 시인은 악인이 형통하는 현실 때문에 거의 실족할 뻔했다고 고백한다. 그들은 죽을 때에도 고통이 없고, 사람들이 당하는 고난도 없고, 많은 이들을 덮치는 재앙도 그들을 피해 가는 것 같다. 그래서인지 교만하기 이를 데 없고, 가련한 이웃들에 대해 폭력적이다. 의롭게 사는 이들이 온갖 어려움을 겪는 데 비해 그들은 오히려 평안하고 재물 또한 늘어난다. 하지만 시인은 성소에 들어갈 때 그들을 기다리고 있는 심판을 깨닫는다. 마치 제삿날을 위해 준비된 제물처럼 그들은 일시에 무너질 것이다.

하지만 비유에 등장하는 부자가 악인이라고 단정할 필요는 없다. 어쩌면 그는 고지식하지만 남에게 해를 끼치지 않는 성실한 사람인지도 모른다. 다만 그는 어리석다. 어떤 의미에서 어리석은가? 그는 자기 생명이 유한하다는 사실을 자각하지 못하고 있다. 죽음은 그에게 아직도 먼 미래에 닥쳐올 불확실한 현실일 뿐이다. 그는 마르틴 하이데거(Martin Heidegger)가 말하듯 다른 이들의 죽음을 경험해 본 적은 있겠지만 자기의 죽음은 경험해 보지 못했을 뿐만 아니라, 깊이 숙고해 본 적도 없을 것이다. 죽음과 죄책, 질병과 유한함이라는 인간의 한계상황은 우리 삶을 재정위할 것을 요구한다. 그 벼랑 끝

경험을 통해 무너져 내리는 사람도 있지만 초월적 비약을 경험하는 이들도 있다. 물론 지금 행복한 사람은 죽음이라는 불쾌하고도 확실한 현실과 가급적 대면하려 하지 않는다.

불안의 대용물

곳간에 켜켜이 쌓이는 곡식은 불안이라는 인간의 존재론적 숙명과 맞설 치명적 무기다. 그렇기에 그는 흐뭇해한다. 문제는 그가 존재 자체이신 하나님이 아닌 존재자들 위에 자기 삶의 집을 지으려 한다는 사실이다. 그는 부유하다. 그러나 실제로는 가난하다. 결핍의 공포가 그를 몰아가고 있기 때문이다.

시편 104편은 피조물들을 보살피시는 창조주 하나님에 대한 아름다운 고백을 담고 있다. 하나님은 사람은 물론이고 공중에 나는 새와 들짐승, 그리고 가축의 먹을거리를 장만해 주신다. 창조주 하나님은 골짜기에서 샘이 솟아나게 하셔서 짐승들이 해갈하도록 하시고, 땅에 먹을 것이 나게 하시어 동물들이 살게 해주시고, 바다의 물고기들에게도 먹을 것을 공급하신다. "이것들은 다 주께서 때를 따라 먹을 것을 주시기를 바라나이다 주께서 주신즉 그들이 받으며 주께서 손을 펴신즉 그들이 좋은 것으로 만족하다가 주께서 낯을 숨기신즉 그들이 떨고 주께서 그들의 호흡을 거두신즉 그들은 죽어 먼지로 돌아가나이다"(시 104:27-29).

아름답기는 하지만 현실 정합성은 떨어진다고 말하고 싶은 이들이 있을 것이다. 먹고사는 문제가 그렇게 간단하지 않다는 사실을 절감하기 때문이다. 세상의 재화를 독점하려는 이들로 인해 물질은 자연스럽게 흐르지 않고 특정한 곳에 쌓이고 있다. 불균형이 심화되면서 불안이 저절로 내면화된다. 저명한 구약성서학자인 월터 브루그만(Walter Brueggemann)은 이런 현실을 적확하게 드러낸다.

"불안의 기초가 되는 결핍은 창조의 풍성한 은혜에 격렬히 저항하며, 결과적으로 감사를 잃고, 착취와 폭력을 불러일으킨다. 시편의 관점에서 이스라엘의 죄는 바로에게서 찾아볼 수 있듯이 불안에 사로잡혀 반(反) 이웃 사랑의 결과 결핍을 생산한다는 것이었다. 반대로 베풂의 이웃 사랑은 창조의 풍성한 결실을 통해 관대한 마음을 불러일으킨다."[1]

내면화된 불안은 나눔의 가능성을 차단한다. 축적만이 살 길이라는 오도된 감각이 사람들을 확고히 사로잡기 때문이다. 결핍감이 깊어 갈수록 창조주가 풍성히 베풀어 주는 은혜는 잊힌다. 따라서 나눔을 통한 행복도 맛보기 어렵다. 불안을 잊기 위해서라도 뭔가를 쌓아 두어야 한다. 비유 속에 등장하는 어리석은 부자는 가만히 보면 우리 모두의 초상이다. 주식회사 풀무원의 설립자이자 정치가인 원혜영은 아버지 원경선의 삶을 회고하는 글에서 이런 이야기를 들려준다.

"아버지는 '일용할 양식'이 하나님의 경제원칙이라고 했다. 잉여생산이 생기면 그것을 일용할 양식이 없는 생명에게 나눠야 한다. 하지만 인간의 욕심과 이기심 탓에 그 원칙이 깨졌다는 게 아버지의 생각이다. 쌓아 놓기 시작하자 곳간이 필요했고 곳간을 짓자 도둑이 생겼으며 도둑으로부터 재산을 지키는 힘이 필요했다. 이 때문에 군대가 필요했고 그 군대가 전쟁을 불러왔다는 것이 아버지의 전쟁 기원론이다. 그 뿌리는 결국 가족 이기주의라고 했다."[2]

부유함이라는 덫

곳간을 짓는 것은 필요한 이들에게 잉여분을 나누지 못하는 정신적 무능함의 결과다. 곳간에 잉여분이 쌓이는 순간 다른 한편에서는 결핍에 시달리는 이들이 발생하게 마련이고, 그들은 먹고살기 위해 도둑이 된다. 도둑으로부터 재산을 지키기 위해 군대가 필요했고, 군대는 결국 전쟁을 불러온다. 소박하지만 통찰력 있는 분석이 아닌가. 하지만 하나님의 경제원칙인 '일용할 양식'에 만족할 수 있는 사람이 얼마나 될까? 세상은 끊임없이 그건 불가능한 꿈이라고 속삭인다. 세상물정 모르는 사람의 헛소리라는 것이다. 그런데도 성경은 잉여분을 쌓아 두기 위해 곳간을 짓는 사람을 일러 어리석다 한다.

니사의 주교였던 대바실리우스(St. Basil, 330경~379)는 갑바도기아의 수도 가이사랴에서 태어난 신심 깊은 로마 상류층 출신의 사람이다. 그는 비유 속에 등장하는 어리석은 부자에 대해 이렇게 말한다.

"그는 많이 가져서 비참해졌고, 재산 때문에 불쌍해졌고, 여전히 더 많이 갖고 싶은 욕심 때문에 더 비참하고 불쌍해졌습니다."[3] 부유함이 그에게 자유를 선물한 것이 아니라 오히려 부자유와 근심을 가져왔다는 것이다. 부자의 어리석음은 그 밭의 소출이 누구에게서 왔는지, 그것을 맡기신 분이 누구인지, 자기 자신이 누구인지를 알지 못했다는 데 있다. 그 치명적인 어리석음에서 벗어나려면 어떻게 해야 할까?

"큰 강물이 많은 수로를 통해 비옥한 땅으로 흘러들어 가듯이, 그대의 재산도 많은 길을 통해 가난에 찌든 이들의 집으로 흘러들어 가게 하십시오. 우물물을 다 퍼내면, 우물에서는 깨끗한 물이 더 많이 솟아 나옵니다. 그러나 물을 다 퍼내지 않으면, 우물은 막혀 버려 더 이상 물이 나오지 않습니다. 마찬가지로, 쓰지 않는 재산은 아무한테도 쓸모가 없습니다. 하지만 재산을 사용하고 순환시키면, 재산은 모든 이에게 도움이 되고 많은 열매를 맺습니다."[4]

바실리우스는 자기 시대 사람들에게 차라리 곳간을 헐라고 말한다. 그것은 본능을 거스르는 일이다. 그럼에도 불구하고 진정으로 자유와 행복을 누리려면 그렇게 해야 한다는 것이다. "그대의 손으로 이 불의한 구조물을 헐어 버리십시오. 아무도 만족시키지 못한 곳간을 파괴시켜 버리십시오. 탐욕의 모든 창고를 헐어 버리고, 지붕을 허물어뜨리고, 담벼락을 헐어 버리고, 썩어 가는 곡식을 햇빛에 내놓고, 감옥에 갇혀 있던 재물을 끄집어내고, 탐욕스런 신의 음침한 창고를 때려 부수십시오." 그리고 정히 "곳간을 갖고 싶다면, 가난한 이들의 뱃속에 곳간을" 지으라고 말한다.[5]

우리는 경주 최 부잣집 이야기를 알고 있다. 수백 년 동안 대토지 소유자였던 그 집안이 사람들의 입에 회자된 것은 17세기의 최국선 때부터였다고 한다. 1671년 삼남 지역에 큰 흉년이 들었을 때 경주의 최 부자 최국선의 집 마당에는 큰 솥이 내걸렸다. "모든 사람이 굶어 죽을 형편인데 나 혼자 재물을 가지고 있어 무엇 하겠느냐. 모든 굶는 이들에게 죽을 끓여 먹이도록 하라. 그리고 헐벗은 이에게는 옷을 지어 입혀 주도록 하라"는 것이 주인의 명이었다. 큰 솥에는 매일 죽이 끓여졌고, 원근 각처에서 굶어 죽을 지경이 된 이들이 그 집에 몰려들었다. 흉년이나 전쟁으로 많은 사람이 죽어 나갈 때도 그 집을 찾은 이들은 연명할 수 있었다.

최 부잣집에 전해 내려오는 제가(齊家)의 가르침인 '육훈'(六訓)은 매우 인상적이다. "진사 이상의 벼슬을 하지 말라. 만 석 이상의 재산을 모으지 말며 만 석이 넘으면 사회에 환원하라. 흉년에는 남의 땅을 사지 말라. 과객(過客)은 후히 대접하라. 며느리들은 시집온 뒤 3년 동안 무명옷을 입어라. 사방 100리 안에 굶어 죽는 사람이 없게 하라."

그 집안이 재물을 그렇게 사용하면서도 어떻게 부를 유지할 수 있

없었는지를 분석하는 일은 경제학자, 사회학자, 역사학자들의 몫이다. 비판할 요소가 없지는 않을 것이다. 그럼에도 불구하고 그들은 사회적 책임을 방기하지 않았다는 점에서 상찬받아 마땅하다. 곳간을 짓는 대신 헐 수 있다는 것 자체가 놀라운 일 아닌가? 마이크로소프트사의 창업자인 빌 게이츠(Bill Gates)나 워런 버핏(Warren Buffett) 같은 이들이 막대한 부를 사회에 환원하는 것을 보면서, 애당초 그렇게 막대한 돈을 번 것은 기술이나 정보에 대한 독점 때문이라고 비판하는 이들이 있다. 그런 비판은 정당하다. 그리고 그런 시스템은 차츰 바꿔 나가야 한다. 하지만 물질적인 풍부함이 늘 나눔으로 이어지는 것이 아님을 알기에 그들의 자선 행위는 소중하다.

궁핍한 시대

성경은 땅의 주인이 하나님이라고 말한다. 사람은 잠시 그 땅에 머물다 떠날 뿐이다. 땅의 주인이신 하나님은 땅에서 나는 것들을 당신의 피조물들이 골고루 나누며 살기를 원하신다. 독점은 그런 의미에서 하나님의 뜻에 대한 거역이다.

　민중신학자 안병무 박사는 '공(公)의 사유화'가 바로 죄라고 말한다. 에덴동산 한복판에 있던 선악과는 모두에게 속한 것이었는데, 아담과 하와는 그것을 사유화하려 했다는 것이다. 미국의 생물학자인 개럿 하딘(Garrett Hardin)은 이것을 '공유지의 비극'(The Tragedy of the Commons)이라는 개념으로 설명한다. 지하자원, 하늘, 초원, 공기,

호수에 있는 고기, 바다 등 모두가 사용해야 할 자원을 사적 이익을 주장하는 시장의 기능에 맡겨 두면 이를 당세대에 남용하여 자원이 고갈될 위험이 있다는 것이다.[6] 지금 급격히 사막화되고 있는 몽골의 초원을 생각해 보면 좋겠다. 사막화는 물론 세계 기후 변화의 결과물이다. 하지만 유목민들이 고가의 캐시미어를 만들 수 있는 털을 얻기 위해 염소를 과다 사육한 것도 사막화 확산을 가져온 요인인 것은 분명하다. 지금 당장의 물질적 풍요를 위해 자연을 황폐화하고 나면 머지않아 회복하기 어려운 상황에 직면하게 될 것이다. 문명화의 과정은 자연을 닦달하는 행위와 별반 구별되지 않는다.

독일 시인 프리드리히 횔덜린(Friedrich Holderlin, 1770~1843)은 자기 시대를 가리켜 '궁핍한 시대'라 했다. 물질적으로 빈곤했기 때문이 아니라, 사물 속에 깃든 광휘를 알아차리는 능력이 소멸되어 가는 시대였기 때문이다. 자연이나 사물은 그 신비한 빛을 잃고 인간의 욕망을 위해 동원되는 자원이 되고 말았다. 그런 시대를 살아가는 이들은 모두 궁핍하다. 풍요 속의 빈곤이 적나라한 우리 현실이다.

우리는 권력을 잡은 이들이 '문제는 경제'라며 무분별한 개발을 허용해 왔음을 잘 알고 있다. 택지를 개발한다는 명분으로 숲과 땅을 파헤쳤다. 수천 년, 수만 년 동안 자연이 형성해 온 질서가 무너지면서 땅은 몸살을 앓고 있다. 물의 흐름이 막히자 수해도 잦아졌다. 수해를 방지하고 수자원을 보호한다는 명분으로 강바닥을 파고 물의 흐름을 바꿔 놓자 예상치 못한 일들이 발생했다. 물은 흐르지 못해 탁해졌고, 해마다 녹조가 발생했다. 녹색으로 변한 강을 볼 때마다 끔찍한 느낌이 든다. 어쩌면 그런 느낌은 애굽에 내린 재앙으로 인해 피로 변한 강물을 보아야 했던 애굽인들의 심정과 별반 다르지 않을 것이다. 오염된 물에 사는 큰빗이끼벌레, 실지렁이, 붉은 깔따구 따위가 증식하면서 생태 환경은 몰라볼 정도로 나빠졌다. 신처럼 되고픈 인간의 욕망이 빚은 참극은 말로 다 헤아릴 수 없을 지경이다.

개발 사업이 벌어지는 지역의 땅이나 산 가운데 많은 부분이 미리 정보를 획득한 이들에게 넘어간다는 사실을 이제는 웬만한 사람들은 다 알고 있다. 사람들은 개발은 명분일 뿐이고, 진짜 관심은 권력자들의 재산 증식이 아닌가 의심한다. 한 사회의 토대인 신뢰는 그렇게 서서히 무너져 간다. 우리 시대 사람들은 다른 방식으로 곳간을 짓는다. 차명 계좌를 만들기도 하고, 고가 미술품에 투자하기도 하고, 외국으로 재산을 빼돌리기도 한다. 그들도 '영혼아 여러 해 쓸 돈을 숨겨 두었으니 평안히 쉬고 먹고 마시고 즐거워하자'고 말할까? 그렇다면 이 두려운 경고에 한 번쯤은 귀를 기울여야 한다. "어리석은 자여 오늘 밤에 네 영혼을 도로 찾으리니 그러면 네 준비한 것이 누구의 것이 되겠느냐." 히브리의 한 시인도 재물을 의지하고 부유함을 자랑하는 이들의 어리석음을 탄식한다.

"그러나 그는 지혜 있는 자도 죽고 어리석고 무지한 자도 함께 망하며 그들의 재물은 남에게 남겨 두고 떠나는 것을 보게 되리로다 그러나 그들의 속 생각에 그들의 집은 영원히 있고 그들의 거처는 대대에 이르리라 하여 그들의 토지를 자기 이름으로 부르도다 사람은 존귀하나 장구하지 못함이여 멸망하는 짐승 같도다"(시 49:10-12).

기아라는 추문

바로 이것이 어리석은 자들의 길이라는 것이다. 이 두려운 진실에 귀를 기울이지 않을 때 파멸은 도둑처럼 닥쳐온다. 2000년부터 2008년까지 유엔 인권위원회 식량특별조사관으로 활동한 스위스 출신의 사회학자 장 지글러(Jean Ziegler)는 남의 아픔과 배고픔에는 아랑곳없이 더 큰 곳간을 짓는 일에 열중인 세계의 현실을 아프게 보여 준다.

"영양 결핍과 기아로 목숨을 잃는 사람이 수백만 명에 달한다는 사실은 21세기 최대의 비극이다. 이는 그 어떤 이유나 정책으로도 정당화될 수 없는 부조리와 파렴치의 극치다. 나아가 이는 끝없이 되풀이되어 온 반인류 범죄에 해당한다…. 기아를 방지하기 위한 투쟁은 어떻게 되었는가? 과거에 비해 현저히 뒷걸음질치고 있다. 2001년엔 7초마다 10세 미만의 어린이 한 명이 기아로 목숨을 잃었다. 같은 해, 8억 2600만 명이 심각한 만성 영양실조로 인한 질병에 걸려 불구자가 되었다. 그 숫자는 현재 8억 5400만 명으로 증가했다. 1005년에서 2004년 사이에 만성적인 영양 결핍으로 고통받는 사람은 2800만 명 증가했다."[7]

이 책이 나온 게 2005년이니 지금의 현실은 더 가혹해졌을 것이다. 풍요의 시대에 굶주려 죽는 사람이 있다는 것보다 더 큰 인간의 추문이 또 있을까. 기아는 게으름의 결과가 아니다. 기후 변화로 말미암아 경작지가 줄어들고, 갚아야 할 부채가 눈덩이처럼 불어나면서 삶이 황폐하게 변한다. 극심한 기근은 인간다운 삶의 가능성을 차단한다. 장 지글러는 "기아는 신체에 가해지는 끔찍한 고통, 정신적 신체적 기능 약화, 미래에 대한 불안, 경제적인 독립성의 상실 등을 동반한다. 그리고 죽음으로 이어진다"고 말한다. 심지어 그는 "기아로 죽는 사람은 누구든 살해당한 것이라고 해도 과언이 아니다"라고 말한다.[8]

부자의 곳간에는 여전히 먹을 것이 쌓여 있고 심지어 썩어 나가기도 하지만, 가난한 이들은 여전히 굶주린 배를 움켜잡고 잠을 청한다. 지금 우리의 창고에 넘치고 있는 물건들은 어쩌면 다른 이들이 마땅히 누려야 할 것들인지도 모른다. 문간에 굶어 죽어 가는 이가 있는데도 '영혼아 여러 해 쓸 물건을 많이 쌓아 두었으니 평안히 쉬고 먹고 마시고 즐거워하자'라고 말하는 이들은 하나님에 대해 무지한 자들이다. 정당한 방법으로 벌었다고 하여 그 추문에서 벗어날 수 있는 것은 아니다. 재화의 독점은 하나님 앞에서 죄이기 때문이다. 월터 브루그만은 자기 충족을 위한 파괴적 충동을 가리켜 '악'이라고 말한다. 그는 '악'을 이렇게 정의한다.

- 악은 '지속적인 혼돈의 세력을 떠받치는 것'이다. 그래서 악은 혼돈을 추구하기 위하여 취할 수 있는 것 즉 돈, 권력, 무기, 성 그리고 영향력을 축적하려고 한다.
- 악은 '신뢰할 만한 풍성한 떡의 공급이 있을 수 없다'고 생각하는 것이다. 그래서 악은 이웃을 희생해서라도 떡을 '독점'하려 한다.
- 악은 '루아흐'가 하나님께 속한 것이 아니라, '우리'에게 속한 것이라고 생각하는 것이다. 그래서 악은 세상 안에서 자신의 자리를 유지하기 위해 교만히 행한다.[91]

세상의 눈으로 보면 비유 속에 등장하는 어리석은 부자는 명시적인 악인이 아니다. 그는 어쩌면 유능한 사람인지도 모른다. 땅을 잘 관리하고, 하인들을 잘 부리고, 자연재해에 대비를 잘하고, 재산을 증식하는 모든 방법을 익힌 사람이니 말이다. 하지만 성서의 관점으로 보면 '악인'이다. 그는 창조주 하나님이 세상에 베푸시는 은총의 풍성함에 의지하기보다 자기 재산에 의지한다. 그는 "네 아우 아벨이 어디 있느냐"고 물으시는 하나님께 "내가 알지 못하나이다 내가 내 아우를 지키는 자니이까" 하고 불퉁거렸던 가인의 동류다.

인간은 타자에 대해 책임을 질 때 비로소 참사람이 된다. 타자의 고통을 외면하는 것은 따라서 참된 자기로부터의 도피인 동시에 하나님께 등을 돌림이다. 하나님을 등진 이들의 내면에는 불안의 그림자가 짙게 드리운다. "어리석은 자여 오늘 밤에 네 영혼을 도로 찾으리니 그러면 네 준비한 것이 누구의 것이 되겠느냐"(눅 12:20). 이 질문 앞에 진지하게 설 때 그는 욕망이 중력으로부터 조금쯤 벗어나 영혼을 고양시키는 은총 앞에 서게 된다. 필요한 이들에게 주기 위해 내 곳간을 헐 때, 그 음습한 욕망의 자리에 하늘의 빛이 가득 찰 것이다. 반면 더 많이 축적하기 위해 곳간을 더 크게 지으려 할 때 애굽 땅을 덮었던 그 불길한 어둠이 찾아들 것이다.

주

1. 월터 브루그만, 《시편적 인간》, 박형국·김상윤 옮김, 한국장로교출판사(2017년), pp.138-139
2. 원혜영, '원경선-복음을 유기농으로 일군 큰 농부', 《춤추며 사랑하라》(가제)
3. 대바실리우스, 《내 곳간들을 헐어 내리라 외》, 노성기 옮김, 분도출판사(2018년), p.18
4. 대바실리우스, 앞의 책, p.28-29
5. 대바실리우스, 앞의 책, p.31-32
6. Wikipedia 참고
7. 장 지글러, 《탐욕의 시대》, 양영란 옮김, 갈라파고스(2009년), p.115
8. 앞의 책, p.116
9. 월터 브루그만, 앞의 책, p.153

권력의 독

12

권력(權力)의 사전적 정의는 "남을 지배하여 강제로 복종시키는 힘"[1]이다. '지배'와 '강제'가 권력의 필연적인 속성이라는 말이다. 권력은 지배하는 이와 지배당하는 이를 발생시킨다. 설사 합법적인 권력 관계라 해도 흔쾌하지만은 않은 것은 이 때문이다. 권력의 유혹은 강렬하다. 나의 뜻을 누군가에게 강제하고, 그가 그 뜻을 수행하기 위해 움직일 때 전능자가 된 것 같은 느낌이 들기 때문이다. 니체는 권력 의지는 주인이 되고자 하는 의지라 했다. 누구의 강제나 지배를 받지 않는 자리에 선다는 것처럼 매혹적인 일이 또 있을까? 동물의 세계에도 엄연한 서열이 있다. '페킹 오더'(pecking order)가 그것이다. 이 말은 조류 세계에서 개체 간의 우열관계로 정해지는 순위를 가리키는 말이지만, 종 내 싸움에서 결정되는 개체 간의 순위를 이르는 말로 일반화되었다.

이소노미아

지배는 약자들에게 그림자를 남긴다. 그림자는 지배력의 행사 과정에서 부과된 강제를 숙주로 한다. '르상티망'(resentment), 즉 원한 감정은 분노, 증오, 질투, 선망 등의 그림자가 켜켜이 쌓이면서 형성된다. 과도한 지배 욕망과 거기서 파생된 원한 감정은 불화를 낳게 마련이고, 불화는 항구적인 갈등의 뿌리가 된다. 지배하는 이와 지배당하는 이가 갈리지 않는 사회 체제는 가능한 것일까? 그리스의 예를 살펴보자. 씨족적·부족적인 전통이 강한 그리스의 폴리스에 화폐제도가 도입되면서 불평등과 계급 대립이 심화되었다.

> "많은 시민들이 채무노예로 전락했다. 이것을 저지하기 위해 스파르타에서는 화폐경제나 교역을 폐지하고 경제적 평등을 철저화했다. 그것은 '자유'를 희생하는 것이었다. 한편 아테네에서는 시장경제와 자유를 유지한 채로 다수인 빈곤계층이 국가권력을 통해 소수의 부자로 하여금 부의 재분배를 하도록 강제하는 시스템을 만들어 냈다. 이것이 아테네의 데모크라시다."[2]

그러나 이런 아테네의 민주주의는 지속되기 어려웠다. 그 체제를 유지하기 위해서 노예들이나 그곳에 몸을 기탁해 온 외국인들을 착취했을 뿐만 아니라, 전쟁을 통해 부를 축적해야 했기 때문이다. 새로운 세상을 꿈꾸는 이들이 그런 불평등한 사회 체제에서 벗어나 이

오니아로 몰려들었다. 그곳에서 그들은 자유로운 교역이 보장되고 계급이 없는 사회를 지향했다. 이것을 일러 이소노미아(isonomia) 곧 무지배(no rule) 체제라 부른다. 하지만 이소노미아도 지속되기 어려웠다.

애굽의 전제정치에서 벗어난 출애굽 공동체 역시 지배자와 피지배자가 갈리지 않는 평등 공동체를 꿈꿨다. 출애굽 이후 사사 시대까지, 즉 왕정이 등장하기 전까지 히브리인들은 그리스 사람들이 그러했던 것처럼 일종의 이소노미아를 지향했다. 이스라엘의 지파 동맹이 바로 그것이다. 권력의 폐해를 누구보다 철저히 경험했던 이들이기에 그 꿈은 가슴 벅찬 소망이었다. 하지만 그 꿈은 현실 속에서 좌절될 수밖에 없었다. 지파 동맹만으로는 중앙집권적인 사회로 돌입한 주변 나라들의 힘을 막을 수 없었던 것이다. 평등 공동체의 꿈은 현실의 곤고함 앞에서 스러지고 말았다. 백성들은 최후의 사사인 사무엘에게 자기들에게도 왕을 세워 달라고 청했다. 사무엘은 평등 공동체의 이상을 지키기 위해 안간힘을 다했지만 결국 백성들의 요구를 받아들이지 않을 수 없었다. 하나님은 왕정제도를 허락했지만, 그 제도 속에 감춰진 문제점들 또한 지적하셨다.

"너희를 다스릴 왕의 제도는 이러하니라 그가 너희 아들들을 데려다가 그의 병거와 말을 어거하게 하리니 그들이 그 병거 앞에서 달릴 것이며 그가 또 너희의 아들들을 천부장과 오십부장을 삼을 것이며 자기 밭을 갈게 하고 자기 추수를 하게 할 것이며 자기 무기와 병거의 장비도 만들게 할 것이며 그가 또 너희의 딸들을 데려다가 향료 만드는 자와 요리하는 자와 떡 굽는 자로 삼을 것이며 그가 또 너희의 밭과 포도원과 감람원에서 제일 좋은 것을 가져다가 자기의 신하들에게 줄 것이며 그가 또 너희의 곡식과 포도원 소산의 십일조를 거두어 자기의 관리와 신하에게 줄 것이며 그가 또 너희의 노비와 가장 아름다운 소년과 나귀들을 끌어다가 자기 일을 시킬 것이며 너희의 양 떼의 십분의 일을 거두어 가리니 너희가 그의 종이 될 것이라"(삼상 8:11-17).

권력의 속성인 '지배'와 '강제'가 어떻게 전개될 것인지 소상히 밝히신 것이다. 사울과의 세력 다툼 끝에 승리를 거둔 다윗은 성경에서 아름다운 인간형의 표본 가운데 하나다. 그는 음악가인 동시에 시인이었으며, 불의를 보고 분노할 줄 아는 용감한 전사였고, 뛰어난 정무 감각을 갖춘 정치인이었다. 무엇보다도 그는 하나님을 경외하는 사람이었다. 점점 변질되어 가는 이스라엘의 사회 체제에서 소외된 사람들을 품을 줄 아는 사람이었고, 우정을 위해 위험을 무릅쓸 줄 아는 사람이었고, 부하들을 진심으로 사랑하는 사람이었다.

블레셋과의 전투 중에 일어난 일화는 참으로 아름답다. 산성에 머물고 있던 그는 고향인 베들레헴 성문 곁에 있는 우물물을 마시고 싶었다. 베들레헴에는 블레셋 군대가 진을 치고 있었다. 그때 다윗의 세 용사가 블레셋 사람의 진영을 뚫고 들어가 우물물을 길어 왔다. 하지만 다윗은 그 물을 마시지 않았다. 그 물을 여호와께 부어 드리며 이렇게 말했다. "여호와여 내가 나를 위하여 결단코 이런 일을 하지 아니하리이다 이는 목숨을 걸고 갔던 사람들의 피가 아니니이까 하고 마시기를 즐겨 하지 아니하니라"(삼하 23:17).

전락의 서막

이런 다윗의 인생에 오점이 되는 사건이 벌어진다. 밧세바를 범한 일이다. 봄이 되어 왕들이 출전하는 때에 일어난 일이다. 팔레스타인의 봄은 건기가 시작되는 때다. 고대 국가들은 자기 체제 유지를 위해 필요한 막대한 자금을 조달하기 위해 전쟁을 벌이곤 했다. 영토를 넓히는 것보다는 약탈을 통해 부를 축적하는 것이 목적이었다. 전쟁은 일상이었다.

다윗의 범죄 이야기는 암몬과의 전쟁을 배경으로 한다. 왕권이 공고해지면서 다윗은 더 이상 전쟁터에 나가지 않아도 되었다. 전쟁에서 자신의 능력을 입증하지 않아도 될 정도가 되었기 때문이다. 요압은 암몬을 압박하고 최후의 거점인 랍바 성을 에워싸고 있었다. 사무엘서 기자는 그런 상황을 간략히 요약한 후에 왕궁에 남아 있던 다윗의 모습을 조명한다.

저녁 무렵 다윗은 침상에서 일어나 왕궁 옥상을 거닌다. 먼 곳에서 부하들이 벌이고 있는 전쟁의 급박함은 느껴지지 않는다. 문득 그의 시선이 머문 곳에서 뜻밖의 장면이 펼쳐진다. 심히 아름다워 보이는 여인이 목욕을 하고 있는 것이다. 다윗은 즉시 사람을 보내 그 여인이 누구인지를 알아보게 한다. 그가 돌아와 말한다. "그는 엘리암의 딸이요 헷 사람 우리아의 아내 밧세바가 아니니이까." 질문 형식의 이 대답은 다윗이 '엘리암'과 '우리아'를 잘 알고 있다는 사실을 암시한다. 엘리암과 우리아는 사무엘상 23장에 나오는 다윗의 37인 용사들 명단에 등장하는 사람이다. 부하의 그 대답도 다윗의 욕망에 제동을 걸 수 없었다. 이후에 벌어지는 일은 일사천리다. 왕은 전령을 보내 그 여자를 자기에게로 데려오게 하고, 더불어 동침한 후에 마치 아무런 일도 없었던 것처럼 여자를 돌려보낸다. 성경은 이 대목을 전할 때 밧세바라는 이름 대신 '여자'라는 보통 명사를 사용하고 있다. 인격성을 박탈당한 채 욕망 충족의 대상물로 변한 존재를 암시하는 것일까?

이런 다윗의 모습은 낯설다. 이제까지 알던 그 다윗이 아닌 것 같은 생각이 들기도 한다. 견결(堅決)하기 이를 데 없던 다윗은 사라지고 파렴치한 사람만 남았다. 하지만 인정하자. 이것도 다윗의 일부다. 그의 속에 잠재되어 있던 죄의 가능성이 적절한 때를 만나 현실화된 것일 뿐이다.

창세기 6장 2절은 권력자들이 어떻게 여성들을 성적 욕망의 대상으로 삼는지를 신화적 언어를 통해 드러낸다. "하나님의 아들들이 사람의 딸들의 아름다움을 보고 자기들이 좋아하는 모든 여자를 아내로 삼는지라." 그리스 신화에 등장하는 바람둥이 신들의 모습이 연상되지만, 사실 이 대목은 땅에서 벌어지는 참담한 일들이 투사된 것으로 보아야 할 것이다. 허먼 멜빌(Herman Melville)의 소설 《모비딕》에 나오는 한 장면이 떠오른다. 선원들이 갓 잡은 고래를 피쿼트 호의 뱃전에 붙들어 매자 상어들이 몰려와 고래기름을 뜯어먹기 시작한다. 흑인 요리사인 플리스는 상어들에게 지혜의 말을 늘어놓는다. 탐욕을 부리는 게 본능인 줄은 알지만 그 본성을 잘 다스려야 한다고. 그러고는 이렇게 말한다. "몸 안의 상어를 잘 다스리면 너희도 천사가 될 수 있어. 천사라는 건 잘 길들여진 상어에 지나지 않으니까."

이 대목을 두고 너새니얼 필브릭(Nathaniel Philbrick)은 이것이 "인간에 대한 멜빌의 최종적인 생각"³⁾이라고 말한다. 우리 속에 있는 상어 곧 본능을 다스림으로써 인간은 인간으로 형성된다는 말일 것이다.

방조죄

무릇 모든 범죄에는 조력자가 있게 마련이다. 전령은 어떤 일이 벌어지고 있는지 알아차리고 있었다. 하지만 그의 양심은 왕의 권력 앞에서 무기력하기만 하다. 채홍사(採紅使)는 조선조 연산군 때 미녀와 좋은 말을 구하기 위해 지방으로 파견된 벼슬아치를 가리키는 말이다. 그들은 사대부나 상민, 기혼자든 미혼자든 가리지 않고 예쁜 여자들을 잡아다 연산군에게 바쳤다. 가정이 해체되는 일 따위는 그들의 안중에 없었다. 오직 권력자의 비위을 맞췄을 뿐이다.

한나 아렌트(Hannah Arendt)를 통해 우리는 '악의 평범성'(banality of evil)[4]이라는 말을 배웠다. 나치의 절멸 정책의 하수인으로 일했던 아이히만(Adolf Eichmann) 재판을 참관한 후에 만든 개념이다. 전범인 아이히만은 수많은 사람들을 죽음으로 내몰고도 별다른 죄책감을 보이지 않았다. 오히려 관료적 성실함만 드러낼 뿐이었다. 아렌트는 세상에는 특별히 악한 이들이 따로 있는 것이 아니라, 평범한 사람 누구라도 악을 저지를 수 있다는 사실을 재삼 확인했던 것이다. 아렌트는 악의 평범성의 본질은 무사유(thoughtlessness)라고 말했다. 무사유는 사려 깊지 못함을 뜻하는 말이지만, 아렌트는 이 말을 자신이 하고 있는 행위에 대한 반성의 불능 혹은 "타인의 관점에서 바라볼 수 있는 능력"[5]의 결여로 이해했다.

왕의 그릇된 열정에 대한 측근들의 방조 혹은 동조를 통해 범죄적 행위가 완수되었다. 욕정을 채운 다윗은 벌써 그 사건을 잊었는지도 모르겠다. 그러나 여인(여기서도 밧세바의 이름은 발설되지 않는다)은 임신했고, 곧바로 사람을 보내 자신이 임신했다는 사실을 왕에게 알린다. 다윗은 즉시 "요압에게 기별하여 헷 사람 우리아를 내게 보내라" 일렀고, 요압은 즉시 우리아를 다윗에게 보냈다. 다윗은 전선에서 돌아온 우리아에게 요압과 군인들의 안부와 싸움터의 형편을 묻는다. 그리고 그를 집으로 돌려보내면서 말한다. "네 집으로 내려가서 발을 씻으라." 우리아가 왕궁에서 벗어나자 왕의 음식물이 그 뒤를 따랐다. 하지만 우리아는 집으로 내려가지 않고 왕궁 문에서 부하들과 함께 갔다. 그 소식을 들은 다윗이 우리아에게 왜 그랬느냐고 묻자 우리아는 "언약궤와 이스라엘과 유다가 야영 중에 있고 내 주 요압과 내 왕의 부하들이 바깥 들에 진 치고 있거늘 내가 어찌 내 집으로 가서 먹고 마시고 내 처와 같이 자리이까 내가 이 일을 행하지 아니하기로 왕의 살아 계심과 왕의 혼의 살아 계심을 두고 맹세하나이다"(삼하 11:11)라고 대답한다. 다윗은 그다음 날도 우리아를 불러 대취하게 만들고 집으로 돌려보내려 하지만 강직한 우리아는 여전히 부하들과 함께 머물렀다. 범죄를 은폐하려는 왕의 음모와 충실한 군인 우리아가 대비됨으로 권력자의 비루함이 적나라하게 폭로되고 있다.

마음이 급해진 다윗은 요압에게 보내는 편지를 써서 우리아 편에 보냈다. 편지는 우리아를 전투가 가장 치열한 곳으로 보내 죽음에 이르게 하라는 내용이었다. 요압은 왕의 의도를 알아차리고는 즉시 우리아를 랍바 성의 용장들이 지키고 있는 곳으로 보냈고, 마침내 우리아는 죽음을 맞았다. 평생의 측근인 요압조차 왕의 범죄를 은폐하는 일에 일조한 것이다. 오도된 권력은 이처럼 다른 이들까지 망가뜨린다.

권력이 작동되는 방식

권력은 한계 혹은 제한을 철폐하려는 경향을 보인다. 권력은 절대 권력을 지향한다는 말이다. 처음부터 그랬던 것은 아닐 것이다. 특권에 익숙해지고, 말의 권능을 과신하는 순간 권력은 반드시 타락하게 되어 있다. 이 참담한 이야기에서 우리가 주목해야 할 단어가 있다. 사무엘하 11장에 반복적으로 등장하는 '보내다'라는 단어가 그것이다. 이 단어야말로 권력이 작동되는 방식을 여실히 보여 준다. 다윗은 부하들과 온 이스라엘 군대를 보냈고(1절), 목욕하는 여인이 누군지를 알아보기 위해 전령을 보냈고(3절), 그 여자를 데려오도록 전령을 보냈다(4절). 전선에 있던 우리아를 보내라고 요압에게 지시했고(6절), 우리아가 집으로 들어가도록 보냈고(8절), 편지를 써서 우리아의 손에 들려 요압에게 보냈다(14절). 그의 권력 행사는 제한이 없다. 사람들은 그의 의지를 저항 없이 수행한다. 우리아는 죽었다. 다윗의 범죄를 문제 삼을 수 있는 사람이 세상에서 사라진 것이다. 다윗은 안도의 한숨을 내쉬었다.

그러나 12장은 여호와께서 나단을 다윗에게 보내셨다(1절)는 구절로 시작된다. 이것은 다윗의 권력이 절대적일 수 없음을 암시한다. 욕망, 범죄, 범죄의 은폐기도, 살인 교사, 전투를 가장한 처형에 이르기까지 권력은 어떠한 간섭도 받지 않았다. 하지만 그가 잊고 있는 분이 있었다. 그 모든 일을 보고 계신 하나님이다. 과도한 욕망은 우리에게서 하늘을 앗아 간다. 누군가를 욕망 충족의 대상으로 여기는 순간 하늘은 저만치 멀어진다. 그럼에도 불구하고 하늘은 그들의 행위를 잊지 않는다.

다윗의 이런 몰락은 많은 이들을 당황스럽게 만들었다. 어쩌자고 성서 기자는 믿음의 용장인 다윗의 몰락을 이렇게 적나라하게 기록했단 말인가? 이미 있는 기록을 지울 수 없기에 사람들은 이 사건을 다른 방식으로 읽어 내려 했다. 요한 크리소스토무스(Johannes Chrisostomus)는 이 이야기를 다윗의 범죄 이야기가 아니라 용서하시는 하나님의 이야기로 읽으려 했고, 다른 교부들은 밧세바의 목욕을 예수 세례의 예표로 해석함으로 구원사적 의미를 부여하려 했다.

이 사건은 많은 화가들의 상상력을 자극했다. 그런데 대부분의 작품들은 벌거벗은 밧세바의 나신을 육감적으로 그려 낸다. 다윗은 등장하지 않거나, 아주 작게 그려진다. 그런 구도는 다윗의 범죄가 밧세바의 도발로부터 야기된 것처럼 보이게 만든다.

성폭력 문제가 아주 심각한 사회문제로 대두되고 있다. 성폭력을 경험한 여성들이 수치와 두려움을 무릅쓰고 그 사실을 폭로할 때, 그들에게 의혹의 시선을 보내는 이들이 의외로 많다. 꽃뱀이라는 혐의를 씌우거나, 왜 그때 저항하지 않았느냐고 꾸짖기도 한다. 하지만 연구자들은 성폭행을 경험한 여성들이 그 순간 저항력이 마비되는 '긴장성 부동화'(tonic immobility)에 빠지는 경우가 많다고 말한다. 폭력적 상황이 주는 강력한 스트레스, 혹은 긴장과 공포로 인해 모든 것이 얼어붙어 버리는 것이다. 그 못지않게 심각한 문제는 성폭행의 피해자들은 저항하기도 어렵고, 또 저항하면 더 위험해질 수도 있는 상황에서 폭행을 당했음에도 불구하고 나중에 적극적으로 저항하지 못했다는 자책에 빠지기도 한다는 것이다. 권력 관계의 불균형 속에서 일어나는 일일수록 그런 경향은 더욱 뚜렷하다.

연예계나 종교계에서 실질적인 권력을 행사했던 이들은 성범죄를 저지르면서도 그것을 범죄로 인식하지 못한다. 타인의 고통을 상상하는 능력은 그들에게 아예 없는지도 모르겠다. 이처럼 제한되지 않은 권력은 지배당하는 이들은 물론이고 권력자 본인의 심성도 파괴하게 마련이다.

네덜란드의 화가 렘브란트는 사무엘하 11장을 소재로 여러 점의 소묘를 남겼다. 렘브란트는 잘못을 저지르고 그것을 은폐하려는 다윗의 초조한 모습을 가감 없이 보여 준다. 전선에서 온 전령을 맞이하는 장면에서 다윗은 자리에서 벌떡 일어서 있다. 왕 앞에 머리를 깊이 숙이고 있는 전령의 손에는 편지가 들려 있다. 우리아가 전사했다는 보고서일 것이다. 그의 팔에는 죽은 이의 군복과 무기가 걸려 있다. 그것은 우리아의 죽음을 입증하는 증거인 동시에 다윗의 범죄를 드러내는 도구이기도 하다. 그런데 렘브란트는 그 전령의 바로 뒤에 나단을 배치하고 있다. 다윗에 비해 왜소한 체격이지만 그는 허리를 굽히지 않는다. 하나님의 말씀을 받은 자의 당당함이다. 렘브란트가 이들 소묘를 남긴 때는 그가 소중히 여기던 모든 것을 잃어버린 인생 막바지였다고 한다. 젊은 날의 허영심이 다 스러진 후, 세월과 더불어 자기 몸과 마음에 달라붙어 있던 모든 군더더기가 덜어진 후, 아픔을 겪고 있는 이들의 마음과 깊이 접속되었던 것이 아닐까?

렘브란트: 우리아의 전사 소식을 듣는 다윗
Rembrandt(1606-1669): David Receiving the News of Uriah's Death

직언에 귀 기울이라

다윗에게 그나마 다행인 것은 직언을 두려워하지 않는 나단과 같은 선지자가 곁에 있었다는 사실이다. 나단은 권력자에게 달콤한 말만 하는 환관적 신하가 아니었다. 그는 체제의 하수인이 되기를 거부하는 사람이었다. 권력과 맞서는 것이 얼마나 위험한지 모를 리 없건만 그는 왕의 호감을 사기보다는 하나님의 종으로 사는 길을 택했다. 체코의 문인이자 대통령이었던 바츨라프 하벨(Vaclav Havel)은 "'진리 안에서 살고자' 하는 자는 현실과 불화하고 현실에 대항한다. 진리에 잇닿아 있는 자는 어찌할 수 없는 저항자로 산다"[6]고 말했다.

나단은 다윗을 찾아가 마치 한담을 늘어놓듯 어떤 성읍에 살고 있던 두 사람 이야기를 꺼낸다. 한 사람은 양과 소가 아주 많은 거부이고 다른 한 사람은 가난해서 겨우 암양 한 마리를 키우며 살고 있다. 한 마리에 불과했기에 그는 양을 애지중지 키웠다. 그 집의 아이들에게 그 양은 식구나 마찬가지였다. 그런데 부자에게 나그네 한 사람이 찾아오면서 비극이 시작된다. 인색했던 부자는 자기 짐승을 잡아 대접할 생각이 없었기에, 가난한 사람의 암양을 강탈해 나그네를 대접했다. 불의한 세상 현실이 고스란히 반영된 이야기다. 이야기가 거기에 이르자 다윗은 불같이 화를 냈다. "여호와의 살아 계심을 두고 맹세하노니 이 일을 행한 그 사람은 마땅히 죽을 자라 그가 불쌍히 여기지 아니하고 이런 일을 행하였으니 그 양 새끼를 네 배나 갚아 주어야 하리라"(삼하 12:5-6).

'마땅히'라는 말이 눈에 띈다. '마땅하다'라는 단어는 그렇게 하는 게 옳다, 당연하다는 뜻을 내포한다. 다윗은 자기가 지배하는 땅에서 그런 파렴치한 일이 일어나서는 안 된다고 생각한다. 독자들은 그 이야기가 다윗을 빗댄 이야기인 줄 다 알지만 다윗은 그걸 알아차리지 못한다. 자기 성찰의 회로가 고장 났기 때문이다. 우리 눈은 바깥은 잘 살피지만 자기 속은 잘 살피지 못한다. 나단은 다윗을 향해 웃음기 없는 얼굴로 준엄하게 말한다. "당신이 그 사람이라." 나단은 좋은 말을 고르기 위해 우물쭈물하지 않는다. 비수처럼 예리하게 다윗의 허위의식을 찌른다. 왕의 심기를 건드릴까 노심초사하는 기색이 없다. 그는 죽음을 무릅쓰고 왕 앞에 섰다.

직언을 받아들일 수 있는 사람은 희망이 있다. 김찬호 박사는 직언의 목적은 단순히 잘못을 폭로하는 것이 아니라, 상대방을 변화시키거나 상황을 개선하는 데 있다고 말한다. 하지만 대부분의 사람들은 "순수한 의도로 하는 조언을 귀담아듣지 않고 방어막을 치기"에 급급한다. 누가 직언을 받아들일 수 있나?

"현재의 자기를 미완의 존재로 여기면서 끊임없이 완성해 간다고 생각하면, 직언이 감사한 선물이 된다. 반면에 취약함을 감추려고만 하면 불손한 참견이나 성가신 지적으로 여겨진다. 권력욕이나 허위의식에 사로잡혀 있으면, 또는 자존감이 너무 낮으면 그렇게 반응한다. 과도한 자기

애 그리고 허약한 정체에 대한 두려움의 극복이 관건이다."[71]

나단은 다윗의 죄목을 폭포처럼 쏟아 낸다. 우리아를 죽음에 이르게 한 죄, 남의 아내를 빼앗은 죄, 여호와를 업신여긴 죄. 범죄에는 형벌이 따르는 법, 나단은 다윗이 받을 벌도 열거한다. 그의 집안에는 싸움이 그치지 않을 것이고, 부끄러운 일이 끊이지 않고 벌어질 것이라는 것이다. 다윗은 비로소 자신의 죄를 뼈저리게 자각하고 고백한다. "내가 여호와께 죄를 범하였노라."

다윗의 위대함은 죄를 짓지 않았다는 사실이 아니라, 자기 잘못을 시인하고 돌이킬 줄 알았다는 데 있다. 권력이 자기 근원을 잃고 지배의 욕망으로 변질될 때 하나님의 심판이 다가온다. 예수는 제자들 사이에서 누가 크냐 하는 다툼이 일어났을 때 "이방인의 임금들은 그들을 주관하며 그 집권자들은 은인이라 칭함을 받으나 너희는 그렇지 않을지니 너희 중에 큰 자는 젊은 자와 같고 다스리는 자는 섬기는 자와 같을지니라"(눅 22:25-26)라고 가르치셨다. 어쩌면 진정한 영성이란 특권을 내려놓는 일로부터 싹트는 것인지도 모르겠다. 부사리처럼 남을 자꾸 들이받기보다는 "당신이 그 사람이오"라는 나단의 비수 같은 외침에 귀를 기울일 때 우리 삶은 조금 맑아질지도 모르겠다. 권력을 인격의 등가물로 여기는 속물들이 넘치는 세상을 돌파하기 위해서는 하나님의 마음에 꿰뚫린 당당한 이들이 일어나야 한다.

주

1) 동아새국어사전(1989년 판)
2) 가라타니 고진,《철학의 기원》, 조영일 옮김, 도서출판 b(2015년), p.41
3) 너새니얼 필브릭,《사악한 책, 모비 딕》, 홍한별 옮김, 저녁의책(2017년), p.84
4) 한나 아렌트,《예루살렘의 아이히만》, 김선욱 옮김, 한길사(2006년), p.349
5) 한나 아렌트, 앞의 책, p.104
6) 바츨라프 하벨,《불가능의 예술》, 이택광 옮김, 경희대학교출판문화원(2016년), p.296; 박영신 교수의 '해제' 중에서 재인용
7) 김찬호,《눌변》, 문학과지성사(2016년), p.80

타인은 지옥

13

유대인의 명절이 되어 예수는 예루살렘에 올라갔다. 수많은 사람들이 저마다의 열망을 품고 오르는 순례길, 그 길은 설렘과 희망 그 자체였다. 비록 오체투지로 가는 길은 아니라 해도 '시온의 노래'를 부르며 '하나님의 집' 곧 성전을 향하는 사람들의 발걸음은 가벼웠을 것이다. 예루살렘은 하나님을 사랑하는 모든 이들의 마음의 고향이었다. 삶이 힘겨워 비틀거리다가도 문득 물기 어린 눈으로 바라보면 저만치에서 불빛처럼 가물거리며 우리 마음을 다독여 주는 곳, 예루살렘은 그런 곳이었다. 오직 그리워하는 마음에 그러했다는 말이다. 현실의 예루살렘은 인간의 욕망이 거칠게 부딪치고 있는 곳이었으니 말이다.

1세기 팔레스타인의 현실

예루살렘에 올라가신 예수의 발걸음이 향한 곳은 성전이 아니라 아픔의 자리였다. 사람들이 자비의 집이라 하여 베데스다(Bethesda)라고 부르기도 하고, 올리브나무의 집이라 하여 베드자다(Bethzatha)라고도 부르는 연못은 거절당한 사람들과 잊힌 사람들이 모여드는 곳이었다. 고고학적 발굴에 의하면 양문(sheep gate) 곁에 있던 그 연못은 대략 가로 100m 세로 60m쯤 되는 직사각형 모양이었다고 한다. 그 주위로 회랑이 있어 사람들이 머물 수 있었던 것으로 보인다.

본래는 빗물을 모아 놓는 물 저장고였지만, 사람들 사이에 떠도는 전설로 인해 유명해진 곳이었다. 가끔 천사가 내려와 물을 휘저을 때 맨 먼저 들어간 사람은 어떤 병에 걸렸든지 낫게 된다는 전설이다. 그로 인해 그곳은 늘 사람들로 북적였다. 다섯 개의 기둥이 떠받치고 있는 회랑 아래에는 눈먼 사람들과 다리 저는 사람들과 중풍병자 등 수많은 병자들이 누워 있었다. 기약조차 없었지만 실낱같은 희망 하나 붙잡고 싶었기에 사람들은 그곳을 차마 떠날 수 없었다.

그런데 1세기 팔레스타인에는 왜 그리도 많은 환자들이 있었던 것일까? 그것은 당시의 경제 형편과 밀접히 관련되어 있다. 많은 사람들이 자기 땅에서 쫓겨난 채 소작인으로 전락했다. 농사가 흉작이어도 소작인들은 무거운 소작료를 지불해야 했고, 주둔하고 있는 로마군의 기초 식료품을 제공해야 했다. 때로는 길 닦기, 배수 작업과 같은 공공사업에 동원되기도 하고, 군대의 필요에 의해 동원되기도

했다. 세금 징수원들은 경작지의 크기를 재고 포도원의 나무 수를 헤아리고 각종 가축의 마릿수도 기록해 두었다가 세금을 부과했다. 성전세, 십일조, 첫 열매 제물과 같은 종교세, 토지세, 인두세와 같은 직접세, 왕관세, 소금세, 판매세 같은 간접세, 수출입 관세, 항구 관세, 통행세 등의 관세, 각종 수수료 등이 서민들의 등골을 휘게 했다. 세금을 낼 형편이 안 되는 이들은 끌려가 매를 맞거나 학대를 당하기도 했다.

기독교가 태동하던 시기의 지중해 세계의 사회사를 연구한 에케하르트 슈테게만(Ekkehard W. Stegemann)과 볼프강 슈테게만(Wolfgang Stegemann)은 1세기 팔레스타인의 1인당 총생산을 이론적으로 계산한 결과를 소개한다.

"벤-다비드는 인구를 125만 명으로 추정하면서 그럴 경우 1인당 총생산이 49.6데나리온에 달한다고 추산한다. 이 액수에서 조세와 공납금 명목으로 20퍼센트를―이것은 비율을 최하로 상정한 것이다―빼고 계산하면 이론상 한 사람이 삶을 영위하는 데 사용할 수 있는 금액은 (극심한 부의 집중화 현상을 감안하지 않더라도) 대략 40데나리온에 불과하다. 이러한 수치만 가지고도 우리는 그 당시 주민의 절대다수가 빈곤 한계선 이하의 삶을 살아가고 있었다는 사실을 예상하지 않을 수 없다."[1]

사실 이것은 상대적인 빈곤층에 관련된 통계일 뿐이다. 식량과 의

복조차 마련할 수 없었던 절대적 빈곤층도 많았다. 가끔이라도 육류 섭취를 할 수 있는 이들은 소수에 지나지 않았다. 따라서 주민들 대다수는 만성적 영양실조에 시달렸고 병에 대한 면역력이 떨어진 것은 불문가지였다. 복음서에 그리도 많은 병자들이 등장하는 것은 바로 이런 상황의 산물이다. 예수를 단순한 기적 행위자로 보아선 안 되는 까닭이 여기에 있다. 예수는 이러한 구조적 모순 속에서 살아가야 하는 이들의 아픔을 절감했다. 예수는 정치와 종교가 철저히 외면한 사람들을 품에 안았고, 먹였고, 고쳐 주었다. 하나님의 통치는 그렇게 현실이 되었던 것이다.

아! 베데스다

예수는 아름답고 장엄한 성전이 아니라 고약한 냄새를 풍기는 남루한 차림의 사람들이 있는 곳, 원망과 절망으로 인해 음산한 그 자리, 누구라도 피하고 싶은 그곳을 제일 먼저 찾아가셨다. '제일 먼저'라고 적어 놓고 보니 가슴이 시리다. 오늘의 교회가 떠오르기 때문이다. 베드자다 혹은 베데스다는 우리가 맨 마지막에 찾아가는 곳이 아니던가? 그것도 마지못해, 체면치레로 말이다. 얼핏 늦은 저녁 서울역 지하보도에서 잠을 청하는 노숙인들을 찾아 나서는 예수의 뒷모습이 보인다. 시인 정호승은 교회에서조차 외면당해 갈 곳 없는 서울의 예수를 노래했다.

예수가 낚싯대를 드리우고 한강에 앉아 있다. 강변에 모닥불을 피워 놓
고 예수가 젖은 옷을 말리고 있다. 들풀들이 날마다 인간의 칼에 찔려 쓰
러지고 풀의 꽃과 같은 인간의 꽃 한 송이 피었다 지는데 인간이 아름다
워지는 것을 보기 위하여, 예수가 겨울비에 젖으며 서대문 구치소 담벼
락에 기대어 울고 있다.[21]

이 시가 발표된 때로부터 벌써 40년 가까운 세월이 흘렀지만 겨
울비에 젖는 예수의 현실은 조금도 달라지지 않은 것 같다. 아름답
고 화려한 예배당은 곳곳에 서 있지만, 베데스다의 현실은 전혀 개
선되지 않았다.

베데스다 연못가에 서른여덟 해 동안 자리보전하고 누워 있던 병
자가 있었다. 그 긴 세월을 환자로 살아간다는 것은 어떤 것일까? 도
무지 상상하기 어렵다. 그에 대한 정보는 그게 전부다. 대체 그는 어
떤 병에 시달리고 있었던 것일까? 의사의 도움을 받으면 나을 수 있
는데도 경제적 능력이 없어 치료받지 못한 것일까? 아니면 애초에
치료의 여망이 없는 병이었을까? 가족은 있었을까? 있었다면 그 가
족들의 삶은 어떠했을까? 온 식구가 땀 흘려 일해도 먹고 살기 어려
운 시절에 병자를 돌보는 책임까지 떠맡아야 했다면 그들의 삶 또한
황폐하게 변했을 터다.

그는 버림받은 것일까? 용변을 보거나, 음식을 먹기 위해 이동해
야 할 때 누구의 도움을 받았을까? 그는 욥처럼 자기가 태어난 날을

원망하지는 않았을까? 아마도 분노와 원망 그리고 체념 사이를 오갔을 것이다. 자기들을 가난과 질병 속에 살도록 만든 거대한 체제에 대해서는 감히 저항할 엄두도 내지 못한 채, 그저 일상에서 마주치는 이웃들에게 눈이나 흘기며 지냈는지도 모르겠다.

시인 김수영은 "어느 날 古宮을 나오면서"라는 시에서 자기의 작음을 통렬하게 표현한 적이 있다. "왜 나는 조그마한 일에만 분개하는가"라는 구절로 시작되는 시는, 힘 있는 이들의 음탕함에 대해서는 분개하지 못한 채 50원짜리 갈비에 기름 덩어리만 나왔다고 분개하고, 붙잡혀 간 소설가를 위해서 언론의 자유를 요구하거나 월남파병에 반대하지는 못하고 20원을 받으러 몇 번씩이나 찾아오는 야경꾼만 증오하는 자기의 모습을 숨김없이 드러낸다. 자기가 비겁하다는 사실을 알면서도 끝내 사소한 일에만 반항하는 자기를 두고 시인은 마지막 연에서 자조적으로 노래한다. "모래야 나는 얼마큼 적으냐/바람아 먼지야 풀아 나는 얼마큼 적으냐/정말 얼마큼 적으냐…."

이렇게 작은 마음들이 모여 경쟁한다. 그것이 베데스다 연못가의 현실이다. 정말 천사가 와서 물을 휘젓는지, 그 물에 맨 먼저 들어가면 과연 병이 낫는지 묻지 말자. 모두가 절박하다. 그곳에 있는 사람들은 저마다 사연을 품고 그 자리에 있다. 사연의 경중을 따질 일이 아니다. 일상의 자리에서 비껴 선 채 살아야 한다는 것, 죄인으로 규정된 채 일평생을 살아간다는 것처럼 힘겨운 것이 또 있을까? 그렇기에 그들은 눈을 부릅뜨고 그 결정적 한순간을 기다린다. 천사가

물을 휘젓는 시간 말이다. 주위에 있는 이들은 서로의 아픔을 감싸 줄 이웃이 아니다. 어떤 수를 써서라도 이겨야 할 경쟁자일 뿐이다. 자비의 집이라는 베데스다는 자비가 아니라 경쟁이 지배하는 현장이었다. 승자독식의 세상이 바로 그곳이다.

경쟁을 넘어

장 폴 사르트르(Jean Paul Sartre)는 "타인은 내게 있어 지옥"이라고 말했다. 이 함축적인 문장은 《존재와 무》에서 제시된 인간관계에 대한 설명이다. 서구적 주체는 자기를 유지하기 위해 타자를 객체화하여 격하시키려고 경쟁한다는 것이다. 타자를 지옥으로 경험할 때 세상은 안전한 곳도 지속 가능한 곳도 아니다. 그때 세상은 냉랭하기 이를 데 없는 낯선 곳으로 변하고, 사람들은 외로운 단자처럼 세상을 떠돌 수밖에 없다. 신영복 선생이 들려주는 이야기는 바로 이런 현실을 절묘하게 포착하고 있다. 장기수로 오랫동안 복역했던 그는 겨울 징역살이와 여름 징역살이를 실감 나게 대조하고 있다.

"없는 사람이 살기는 겨울보다 여름이 낫다고 하지만, 교도소의 우리들은 없이 살기는 더합니다만, 차라리 겨울을 택합니다. 왜냐하면 여름 징역의 열 가지, 스무 가지 장점을 일시에 무색케 해버리는 결정적인 사실—여름 징역은 자기의 바로 옆 사람을 증오하게 한다는 사실 때문입니다. 모로 누워 칼잠을 자야 하는 좁은 잠자리는 옆 사람을 단지 37도의 열 덩어리로만 느끼게 합니다.

이것은 옆 사람의 체온으로 추위를 이겨 나가는 겨울철의 원시적 우정과는 극명한 대조를 이루는 형벌 중의 형벌입니다. 자기의 가장 가까이에 있는 사람을 미워한다는 사실, 자기의 가장 가까이에 있는 사람으로부터 미움받는다는 사실은 매우 불행한 일입니다. 더욱이 그 미움의 원인이 자신의 고의적인 소행에서 연유된 것이 아니고 자신의 존재 그 자체 때문이라는 사실은 그 불행을 매우 절망적인 것으로 만듭니다."[3]

이것이 현실이다. 하지만 인간의 인간다움은 그러한 현실의 질곡에 갇히기를 거부하는 데서 발생한다. 신영복 선생은 어느 날 감옥에서 천사를 보았다고 증언한다. 열대야로 뒤척이다가 간신히 잠이 들었는데 잠결에 시원한 바람이 불어오는 것 같아, 눈을 떠서 바라보니 한 사람이 잠든 동료들을 위해 부채질을 하고 있었다는 것이다. 그도 더위에 시달리느라 전전반측하다가 문득 곁에 있는 동료들을 긍휼히 여기는 마음이 들었기 때문이리라. 그는 졸지에 그 비좁은 감옥을 거룩한 곳으로 바꾸어 놓았던 것이다.

긍휼히 여기는 마음, 타자의 고통을 자신의 고통으로 느끼는 영적 감수성이야말로 이 살풍경한 세상의 희망이 아닌가. 하이데거는 인간을 '함께 나란히 있음'(Mit-Einander-Sein)으로 설명했다. '너'를 부정하는 순간 '나'도 부정된다는 의미일 것이다. 타자는 지옥이 아니라, 나의 존재 조건이다.

그것은 성경의 일관된 가르침이다. 하나님은 왜 또 다른 흙으로 하와를 빚지 않으시고, 아담의 갈비뼈를 사용하셨을까? 인간 존재는 서로에게 속해 있는 생명임을 드러내기 위한 것이 아닐까? 동생을 죽인 가인에게 '네 동생이 어디에 있느냐?'고 물으신 까닭은 타자, 특히 약자를 돌보고 지키는 것이 사람됨의 표징임을 일깨우기 위한 것이 아닐까? 타인과 마주 보고, 그의 말에 귀를 기울일 때 비로소 도덕의 세계가 열린다.

하지만 오늘의 세계는 경쟁을 마치 자연 상태인 것처럼 가르친다. 학생들은 점수 경쟁에 내몰리고, 직장인들은 실적 경쟁에 내몰린다. 국제적으로도 일등이 아니면 살아남을 수 없다는 살벌한 구호가 사람들을 죄어친다. 사람들은 인격이 아니라 수단으로 전락하고, 자기 소외는 깊어진다. 이전에 비해 많은 것을 소비하면서도 사람들이 행복을 느끼지 못하는 것은 바로 그러한 소외의 산물이다. 자본주의가 제시하는 행복은 어쩌면 신기루인지도 모르겠다. 강수돌 교수는 그러한 현실을 적나라하게 폭로하고 있다.

"진리를 위한 경쟁이 아닌, 타자를 누르기 위한 생존 경쟁, 즉 세계시장을 둘러싼 상품경쟁은 어떤 상품이 승리하는가와는 무관하게 자본주의 세계체제의 지배를 존속시키는 조건이 된다. 내가 시장경쟁에 참여하는 순간, 그 승패와는 무관하게 경쟁의 희생자가 될 뿐만 아니라 그것을 넘어 (우리 모두를 지배하는) 자본의 지배력을 강화시켜 주게 된다는 것, 이것을 명확히 인식하는 것은 자본주의 경쟁의 본질을 꿰뚫어 보는 것이다."[4]

예수라는 봄바람

싸늘한 경쟁의 논리만 남아 있는 베데스다에 가신 예수는 그곳에서 천재일우의 기회를 기다리는 모든 이들을 고쳐 주지 않았다. 다만 한 사람에게 다가가 말을 건네셨다. "네가 낫고자 하느냐." 뜬금없는 질문에 그 사람은 잠시 할 말을 잊었다. 누구도 그런 질문을 한 적이 없기 때문이었을 것이다. 너무도 당연하여 아무도 묻지 않는 질문을 던지는 이 사람은 대체 누구인가? 서른여덟 해나 병자로 살아온 이의 가슴 깊은 곳에서 마치 울혈처럼 맺혀 있던 원망이 그 질문에 이끌리듯 스멀스멀 피어올랐다. "주여 물이 움직일 때에 나를 못에 넣어 주는 사람이 없어 내가 가는 동안에 다른 사람이 먼저 내려가나이다"(요 5:7). 단순하게 '예'라고 답하면 될 일인데, 그는 왜 이리 장황하게 대답을 한 것일까? 원망병이 고황에까지 미쳐 있었기 때문이다. 하나님이 인간에게 준 선물 가운데 우리가 끝끝내 잊지 말아야 할 것은 상상력이다.

2002년 노벨문학상 수상작가인 헝가리 소설가 임레 케르테스(Imre Kertész)는 15세이던 1944년에 나치의 수용소에 들어갔다가 종전과 더불어 생환한 사람이다. 그는 자기 경험을 담아 수용소 삼부작을 썼는데 그 첫 권이 《운명》이다. 그 책에서 작가는 포로들이 수용소에서 벗어나는 세 가지 방법이 있다고 말한다. 첫째는 탈출이다. 하지만 그것은 거의 불가능했다. 둘째는 자살이다. 수용소에서는 누구라도 한 번쯤은 그런 생각에 사로잡힌다고 한다. 죽어서라도 수용소에서 빠져나가는 것이 치욕스러운 삶을 견디는 것보다 낫다는 생각이 들기 때문일 것이다. 셋째가 흥미로운데 그것은 상상력의 힘에 기대는 것이다. 임레 케르테스는 제아무리 엄격한 감시자들도 상상력만은 통제할 수 없었다고 말한다. 상상을 통해 그는 식탁에 둘러앉아 음식을 나누며 담소하는 자기 가족들 곁으로 다가가기도 하고, 벗들과 어울려 담소하는 자리에 가기도 했던 것이다. 상상력을 잃지 않는 한 절망은 없다.

중근동 지역이 정복 전쟁의 광기에 휩쓸리고 있던 주전 8세기에 예언자 이사야는 "이리가 어린 양과 함께 살며 표범이 어린 염소와 함께 누우며 송아지와 어린 사자와 살진 짐승이 함께 있어 어린 아이에게 끌리"(사 11:6)는 세상을 꿈꿨다. 어처구니없는 꿈이지만 그 꿈조차 없었다면 삶은 견디기 어려운 짐이었을 것이다.

정착촌 보호라는 명분으로 이스라엘이 세운 높이 6m의 분리장벽으로 인해 팔레스타인 사람들은 세상에서 가장 거대한 감옥에 갇힌 꼴이 되었다. 이동의 자유가 제한된 그곳에서 사람들은 장벽 위에 그림을 그리기 시작했다. 장벽 꼭대기에 닿는 사다리도 그리고, 아름다운 풍광을 볼 수 있는 창문도 그리고, 줄을 잡고 하늘에 오르는 그림도 그렸다. 그 그림들은 비록 현실의 암담함을 제거하지는 못한다 해도, 나락으로 떨어지는 그들의 영혼을 끌어올리는 힘이 되어 줄 것은 분명하다.

오랫동안 타자에 대한 원망과 분노에 사로잡혀 살다 보면 다른 삶의 가능성은 전혀 떠오르지 않는 법이다. 운명의 타격으로 곱드러진 인생은 좀처럼 일어설 엄두를 내지 못한다. 존재의 퇴락(頹落, Verfallenheit)이다. 베데스다 연못가에 있던 그 사람의 경우 타자에 대한 원망 혹은 자기 운명에 대한 탄식이 병에서 벗어나고자 하는 절박한 마음을 앞질렀다. 그런 이들에게 필요한 것은 설득이 아니라 존재에 가해지는 타격이다. 예수는 간결하면서도 명료하게 말한다. "일어나 네 자리를 들고 걸어가라."

어떤 거역할 수 없는 힘이 느껴졌던 것일까? 그 사람은 곧 나아서 자리를 들고 걸어갔다. 명령과 실행 사이에 조금의 간격도 없다. 38년 동안 그를 사로잡고 있던 부자유가 일순 해소되었다. 이 놀라운 사건을 설명하려 하는 것 자체가 부질없는 일이다. 이야기는 이야기로 풀어야 하는 법. 니코스 카잔차키스의 《성자 프란체스코》에서 프란체스코가 들려주는 이야기가 떠오른다.

"한겨울에 아몬드나무에 꽃이 만발하자 주변의 나무들이 비웃기 시작했습니다. 그들은 '무슨 허영이람' 하고 흉을 봤습니다. '저렇게 교만할 수가! 생각해 봐, 저 나무는 저렇게 해서 자기가 봄이 오게 할 수 있다고 믿는 모양이지!' 아몬드나무 꽃들은 부끄러워서 얼굴을 붉히며 말했습니다. '용서하세요, 자매님들. 맹세코 나는 꽃을 피우고 싶지 않았지만 갑자기 내 가슴속에서 따뜻한 봄바람을 느꼈어요.'"[5]

베데스다 연못가에서 일어났던 일도 그러한 것이었으리라. 암울하고 긴 겨울 추위에 몰려 께느른하게 지내던 그가 예수라는 봄바람을 만나 새롭게 깨어났다. 그는 자신의 몸과 일체를 이루었던 자리를 들고 일어섰다. 중력에 이끌리듯 수평으로 늘어졌던 삶에 수직의 중심이 생긴 것이다. 그를 사로잡고 놓아 주지 않던 숙명론이 물러가자, 은총 속에 살아갈 새 삶의 문이 열렸다.

지금은 일어서야 할 때

그러나 그가 살아갈 새 삶이 아름다웠을 거라고 상상하기 어렵다. 현실은 그렇게 말랑말랑하지 않다. 오랜 세월 병에 짓눌려 살던 그가 자리를 들고 일어섰다는 사실을 보고도 사람들은 흔쾌하게 기뻐하지 않는다. 유대인들은 그를 나무란다. 안식일에 자리를 들고 이동했다고. "안식일인데 네가 자리를 들고 가는 것이 옳지 아니하니라"(요 5:10). 그를 괴롭히던 질병이 물러가자 율법 규정이 그에게 또 다른 올가미를 씌우려 한다.

율법은 좋은 것이다. 하지만 율법주의는 위험하다. 모든 것을 율법의 규정에 따라 판단하려는 이들은 세상을 매우 단순하게 바라본다. 세상에는 두 종류의 사람이 있다. 율법을 알고 지키는 사람과 지키지 않는 사람 말이다. 그 둘 사이는 없다. 부득이 율법을 지킬 수 없는 사람에 대한 배려는 찾아보기 어렵다. 서른여덟 해나 자리보전하고 누워 있던 사람이 일어섰다는 그 놀라운 사실 앞에서 유대인들은 경탄하지 않는다. 율법의 잣대를 들이댈 뿐이다. 이 완고하고도 단순한 율법주의 앞에서 인간다운 따스함은 사라진다. 한 인간의 존재 회복에 대한 내러티브는 경청되지 않고, 공존의 아름다움 또한 탄생하지 않는다. 진정한 안식일은 어떤 것일까? 아브라함 헤셸은 말한다.

"일곱째 날은 생존을 위해 벌이던 잔혹한 싸움을 일시적으로 그치고, 개인적 갈등이든 사회적 갈등이든 모든 갈등 행위를 멈추는 날이다. 또한 일곱째 날은, 사람과 사람 사이 그리고 사람과 자연 사이에 평화를 이루고 사람의 내면에 평화를 이루는 날이다. 그날은 화폐 사용을 신성모독으로 여기고, 세계 최고의 우상인 돈으로부터 독립하겠다고 맹세하는 날이다. 일곱째 날은 긴장으로부터 탈출하는 날, 사람이 진창 같은 삶에서 해방되어 시간이라는 세계의 군주로 취임하는 날이다. 광포한 시간의 대양, 격렬한 수고의 대양 한가운데 고요의 섬이 떠 있다. 우리는 그 섬의 항구로 들어가서 자신의 존엄성을 회복한다. 그 섬은 일곱째 날이자 안식일이며, 사물과 도구와 실용적인 업무에서 벗어나 영을 사모하는 날이다."[6]

안식일이 이렇게 이해되지 않을 때 그것은 제도화된 인간의 잔혹성으로 전락하기 쉽다. 유감스럽지만 베데스다, 그곳은 자비의 집이 아니었다. '거룩'이라는 척도를 내세우며 사람들을 가르고 나누던 유대교 세계에 예수가 가져온 것이 바로 '자비'였다. 자비란 타인의 아픔을 함께 나누고, 슬퍼하는 이들의 슬픔을 부둥켜안는 마음이 아니던가? 자비의 집이라는 근사한 이름으로 불렸지만 실상 그곳은 자비의 무덤이었다. 경쟁의 논리가 지배하고, 타인들에 대한 원망과 질시와 미움이 짙은 안개처럼 고여 있던 곳, 몰강스러운 율법주의가 사람들을 억압하는 곳, 허위로 가득 찬 현장이었다.

그곳에 오신 예수는 오랜 병고에 시달리던 사람에게 "네 자리를 들고 일어나 걸어가라" 이르신다. 지금 우리 삶의 자리는 어떠한가? 오늘의 교회는? 아무리 생각해 보아도 교회의 현실이 베데스다의 현실과 크게 다르지 않은 것 같다. 이제는 일어서야 할 때다. 예수라는 봄바람과 만나 내면의 꽃을 피워야 한다. 사방에서 살천스러운 바람이 불어오지만, '일어나 걸어가라'는 그 명령에 따를 때 우리는 비로소 무기력에서 해방될 수 있다.

주

1. 에케하르트 슈테게만 · 볼프강 슈테게만, 《초기 그리스도교의 사회사》, 손성현 · 김판임 옮김, 동연(2009년), pp.157-158
2. 정호승, 《서울의 예수》, 민음사(1982년), p.45
3. 신영복, 《감옥으로부터의 사색》, 햇빛출판사(1988년), p.92-93
4. 강수돌, 《경쟁은 어떻게 내면화되는가》, 생각의나무(2008년), pp.40-41
5. 니코스 카잔차키스, 《성자 프란체스코 1》, 김영신 옮김, 열린책들(2008년), p.265
6. 아브라함 헤셸, 《안식》, 김순현 옮김, 복있는사람(2007년), pp.82-83

하나님께 의지가 꺾인 사람

14

"문전세재는 웬 고갠가 구부야 구부구부가 눈물이로구나." 진도 아리랑의 메김소리다. 보통은 '문경새재'라고 부르지만 그것은 문전세재의 오기라고 주장하는 이들도 있는 모양이다. 문전세재는 여성들의 고달픈 인생살이를 은유적으로 일컫는 말이라고 한다. 전근대사회의 여성들은 태어나서 죽을 때까지 세 번의 문을 통과해야 했다. 안방에서 부엌으로 나가는 쪽문, 부엌에서 마당으로 나가는 부엌문, 마당에서 바깥으로 나가는 대문이 그것이다. 각각 출생, 삶, 죽음을 상징한다.[1] '구부구부'는 물론 '굽이굽이'를 의미하는 방언이다. 구성진 가락 속에 담긴 한과 슬픔, 그리고 회한이 절절하다.

스스로 선택하지 않았음에도 불구하고 우리는 이 세상에 여행자처럼 왔다 돌아간다. 세상은 누구에게나 낯설다. 일상에 몰두하고 살 때는 그 낯섦이 뚜렷하게 의식되지 않지만, 고개를 숙이고 있다가 갑자기 고개를 들 때 찾아오는 현기증처럼 인생이 낯설게 느껴지는 순간이 있다. 삶의 의미 물음 혹은 자기 존재에 대한 물음은 그때 발생한다. '없음'에서 '있음'으로, 다시 '있음'에서 '없음'으로 귀결되는 지상적 실존의 여정을 흔들림 없이 걸어가는 이가 있을까? 오직 고사목만이 바람에 흔들리지 않는 법이다. 산다는 것은 흔들림을 자기 삶으로 받아들이는 것인 동시에 흔들리면서 더 든든한 뿌리를 얻는 과정이 아닐까?

> 만물은 흔들리면서 흔들리는 만큼
> 튼튼한 줄기를 얻고
> 잎은 흔들려서 스스로
> 살아 있는 잎인 것을 증명한다.[2]

젊은 시절 좌우명처럼 외던 오규원의 시구다. 속절없이 흔들리던 청춘의 불온함을 스스로 위무하기 위해서였을 것이다. 흔들림조차 없는 확신은 위험하다. 교조주의로 귀착될 수 있기 때문이다. 흔들리면서 더 큰 중심을 향해 나아갈 수 있다면 다행이겠다. 누구에게나 삶은 무겁다. 김현승은 "나는 내가 항상 무겁다/나같이 무거운 무게도 내게는 없을 것이다//나는 내가 무거워/나를 등에 지고 다닌다/나는 나의 짐이다"[3]라면서 자기 속에 납덩이가 들어 있는 것 같다고 말한다. 영혼인 줄 알고 삼킨 납덩이가 버겁기만 한 것이다.

창세기에 등장하는 성조들의 삶도 힘겹기는 마찬가지였다. 갈 곳을 알지 못한 채 익숙했던 세계를 떠나야 했던 아브라함이 그러하고, 형과의 갈등을 피해 낯선 곳으로 도주해야 했던 야곱이 그러하고, 세찬 운명의 발길질에 채여 나락까지 내동댕이쳐졌던 요셉이 그러하다. 어느 누구도 느긋한 평화, 호젓한 평화를 누리지 못했다.

탈 많은 채색옷

오늘 우리 이야기의 초대 손님은 요셉이다. 롤러코스터를 타듯 그의 삶은 부침이 극심했다. 그는 야곱이 마음을 다해 사랑하던 라헬의 소생으로 태어나 아버지의 각별한 사랑을 받으며 살았다. 야곱은 늘 그막에 얻은 아들을 애지중지했다. 그 사랑의 외적 표징은 아버지가 지어 입힌 채색옷이었다. 사랑에 눈먼 야곱에게는 그 채색옷에 스며든 불화와 분쟁의 씨앗을 볼 눈이 없었다.

> "요셉은 노년에 얻은 아들이므로 이스라엘이 여러 아들들보다 그를 더 사랑하므로 그를 위하여 채색옷을 지었더니 그의 형들이 아버지가 형들보다 그를 더 사랑함을 보고 그를 미워하여 그에게 편안하게 말할 수 없었더라"(창 37:3-4).

부모의 사랑이 모든 자식에게 똑같이 베풀어질 수는 없다. 열 손가락 깨물어 아프지 않은 손가락 없다지만 유난히 아픈 손가락도 있는 법이다. 부모도 편견과 한계에 갇힌 존재일 뿐이다. 문제는 그 마음이 차별로 구체화될 때다. 야곱이 요셉에게 해 입힌 채색옷은 다른 아들들의 마음에 질투의 불을 붙였다. 문자적으로 보면 채색옷은 여러 가지 색깔이 들어간 옷을 말하지만, 소매가 달린 옷으로 보아야 한다는 이들도 있다. 고대 세계에서 소매가 달린 옷은 노동에 매달리지 않아도 되는 이들이 입는 옷이었다. 그러므로 그 옷은 일종의 특권의 상징이었다.

성경은 요셉의 형제들이 동생을 미워했다고 말하는 동시에 그에게 편안히 말할 수 없었다고 말한다. 마음에 벽이 생긴 것이다. 클라우스 베스터만(Claus Westermann)은 이것을 일종의 '사회적 추방'(social ostracism)[4]이라고 해석한다. 아버지의 편애를 받는 요셉은 형들의 친밀한 사귐에서 배제된다. 배제는 배제하는 자와 배제당하는 자 모두에게 상처를 입힌다.

어느 날 요셉은 형들과 양 떼의 형편을 살피고 오라는 아버지의 지시를 받고 들로 나갔다가 낭패를 당한다. 멀리서 그가 오는 것을 본 형들은 요셉을 죽일 궁리를 한다. 장자인 르우벤의 중재로 죽음은 면했지만, 요셉은 채색옷이 벗겨진 채 물 없는 구덩이에 던져진다. '옷이 벗겨진 자'가 된 것이다. 완전히 무기력해진 그가 속절없이 죽음을 기다리던 때, 형제들은 유다의 제안에 따라 요셉을 미디안 상인들에게 종으로 팔아 버린다. 형제들에게 요셉은 더 이상 인격성이 없는 물건이었던 것이다. 물화를 뜻하는 독일어 'Verdinglichung'는 사물로 변한 인간 존재의 참상이 담겨 있다. 물화되는 순간 사람은 더 이상 자기 삶의 주체가 아니다. 자유 의지는 박탈되고, 교환 가능한 부품으로 간주된다. 아버지의 큰 사랑을 받던 요셉은 급기야 사물의 자리로 추락했다.

편애가 낳은 참극이었다. 그들은 범죄의 흔적을 조작한다. 숫염소를 잡아 요셉의 채색옷에 피를 묻혀 아버지에게 가져간 것이다. 피가 묻고 찢겨진 옷을 받아 든 야곱은 자기 옷을 찢고 굵은 베로 허리를 묶고 오래도록 아들을 위해 애통해했다. 위로받을 길 없는 슬픔이 그를 엄습했다. 과거에 염소 가죽을 손과 목에 두르고 눈이 어두운 아버지를 속여 복을 가로챘던 속임수의 명수 야곱이 이제는 속임을 당하는 자가 되었다. 인생유전이 이러하다.

존재의 용기

그런데 왜 형들의 증오는 차별의 주체인 아버지가 아니라 동생인 요셉에게 집중되었을까? 우리는 형제들의 모습에서 가인을 본다. 가인은 하나님께서 자기 제물을 받지 않으시자 아벨을 복수의 표적으로 삼는다. 하나님을 징벌할 수 있는 방법이 없었기 때문이다. 사람들은 자기보다 큰 권력에 대한 증오를 사회적 약자나 권력자에게 사랑을 받는 이들에게 퍼붓는 경향이 있다. 일종의 속죄양 만들기다. 형제들은 아버지 야곱에게 따지거나 대들기보다는 차라리 요셉을 제거하는 길을 선택한다. 정신적 나약인 동시에 비겁이다.

미디안 사람들은 요셉을 바로의 신하 친위대장 보디발에게 팔았다. 성경은 보디발의 집에서 요셉이 어떻게 지냈는지에 대해 전혀 언급하지 않는다. 다만 그가 여호와의 복을 받았다고 말한다. "여호와께서 요셉과 함께하시므로 그가 형통한 자가 되어 그의 주인 애굽 사람의 집에 있으니 그의 주인이 여호와께서 그와 함께하심을 보며 또 여호와께서 그의 범사에 형통하게 하심을 보았더라"(창 39:2-3). 사물로 퇴락했던 요셉이 형통한 자가 되었다. 이 놀라운 변전을 연결하는 구절은 "여호와께서 요셉과 함께하시므로"이다. 함께하시는 하나님, 곧 임마누엘은 무저갱으로 추락하는 사람을 끌어올리신다. 주인 또한 눈 밝은 사람이었다. 요셉이 하는 일을 통해 보디발은 요셉이 여호와의 복을 받은 사람임을 알아차린다.

요셉이 행복하고 다복하던 과거에 사로잡혀 있거나, 형제들에게 버림받은 충격에 붙들려 있었다면 이런 일은 가능하지 않았을 것이다. 무의미와 공허, 죄책감, 비존재의 아찔함, 운명의 당기는 힘에 그는 굴복하지 않았다. 그는 비록 스스로 선택한 것은 아니지만 현재의 상황을 자기 삶으로 수용했다. 절망을 절망으로 수납하기보다는 새로운 생의 시작점으로 삼았다. 이런 것을 일러 폴 틸리히(Paul Tillich)는 '존재의 용기'(courage to be)라 했다. "죄책과 저주의 불안에도 불구하고 자기를 긍정하는 것은 자기를 초월하는 뭔가에 동참하는 것을 전제로 한다."[5]

하나님에 대한 요셉의 믿음을 보여 주는 내용은 많지 않지만, 하나님의 선행적인 사랑이 그를 은총에 비끄러맨 것은 분명하다. 그렇기에 그는 절망의 맨바닥을 온몸으로 기어가면서도 자기를 잃지 않을 수 있었던 것이다. 보디발은 자기 소유를 다 요셉의 손에 위탁했다.

"그가 요셉에게 자기의 집과 그의 모든 소유물을 주관하게 한 때부터 여호와께서 요셉을 위하여 그 애굽 사람의 집에 복을 내리시므로 여호와의 복이 그의 집과 밭에 있는 모든 소유에 미친지라"(창 39:5).

하나님의 복은 인종이나 민족의 경계에 구애받지 않는다. 요셉은 복의 통로가 되었다. 하지만 호사다마라 하지 않던가. 성경 기자는 그 화가 유입되는 지점을 간결하지만 적확하게 그려 낸다. "요셉은 용모가 빼어나고 아름다웠더라"(창 39:6). 유능한 데다가 용모까지 빼어난 요셉, 사람들의 시선을 끌 만하지 않은가. 이름이 알려지지 않은 보디발의 아내가 요셉을 연모했다. 고위 관료인 남편의 잦은 부재가 여인의 마음에 그런 욕구를 불러일으킨 것일까? 여인은 요셉에게 눈짓을 하고 동침하기를 요구했다. 진정한 사랑이라기보다는 일종의 정욕이 아니었을까? 신원하 교수는 정욕과 사랑을 이렇게 대조한다.

"한마디로 사랑과 정욕은 모두 상대를 원한다는 점에서 공통점이 있지만, 정욕에는 동반자 의식이 철저히 결여되어 있다. 즉 사랑이 상대에게 관심이 있다면, 정욕은 짜릿한 욕구 충족에 더 관심이 있다. 사랑은 상대와의 언약에 신실하고자 하는 반면, 정욕은 삶을 나누고 돌보아 주려는 마음이 없다. 사랑은 서로에게 숨김이 없고 벌거벗어도 부끄럽지 않지만(창 2:25), 정욕은 중요한 것을 감추고 드러내지 않는다. 사랑은 인격적 교감으로 따뜻해지지만, 정욕은 외롭고 고독하다. 사랑은 미래를 위해 때로 절제하지만, 정욕은 현재 감정과 만족에만 골몰한다."[6]

오직 의지의 인간만이

정욕에 사로잡히는 순간 이성의 빛은 흐려지고 양심은 잠잠해진다. 정욕이 빚어낼 결과 혹은 위험은 고려되지 않는다. 요셉은 여인의 제안을 받아들이지 않는다. 자기를 신뢰해 준 주인을 배신할 수 없었고, 또한 하나님 앞에서 큰 죄를 지을 수 없었기 때문이다. 요셉은 감정보다는 의지의 인간이다. 아브라함 요수아 헤셸은 기독교인을 가리켜 '다른 의지에 따라 사는 의지의 인간'이라고 규정한다.

"의지의 인간만이 기독교인이 될 수 있다. 왜냐하면 의지의 인간만이 꺾여질 수 있는 의지를 소유하고 있기 때문이다. 그러나 자신의 의지가 절대자 또는 하나님에 의해 꺾여진 사람이 기독교인이다. 본능적인 의지가 강할수록 꺾여진 상처는 클 것이고 그만큼 그는 훌륭한 기독교인이다. 이것이 '새로운 복종'이라는 말로 특색 있게 표현된 그것이다. 기독교인은 새로운 의지를 받아들인 의지의 인간이다. 기독교인은 더 이상 자신의 의지대로 살지 않고, 자신의 의지를 철저히 꺾음으로써—급진적으로 변화하여—다른 의지에 따라 사는, 의지의 인간이다."[7]

요셉의 탁월함은 자기 의지를 꺾었다는 데 있다. 태어나기를 그렇게 태어난 것일까? 아니면 신산스런 삶의 과정이 그를 그렇게 만들었던 것일까? 시련을 겪는다 해도 자기 의지를 꺾고 전적으로 하나님의 의지에 순복하기란 여간 어려운 일이 아니다. 헤셸은 자기의 마음을 단속하고 고쳐 나가는 것이 인간의 사명이라고 말한다.

"한 개인은 부단히 자기 자신에게 짐을 지우고 스스로 마음을 단속할 사명을 지니고 있다. 사람은 그의 성품을 끊임없이 고쳐 나가야 한다. 비록 그의 영혼은 순결하게 태어났다 하더라도 사람은 점차적으로 그 자신의 독물(毒水)에다 그것을 섞는 법을 배워 나가게 마련이다."[8]

요셉을 향한 여인의 유혹은 일회적인 것이 아니었다. 여인은 날마다 요셉에게 청하였다. 그러나 요셉은 단호하고 철저하다. "요셉이 듣지 아니하여 동침하지 아니할뿐더러 함께 있지도 아니하니라"(창 39:10). 유혹의 자리는 피해야 한다. 어떤 여지도 남겨 두어선 안 되기 때문이다. 모습을 드러내지 않는 요셉으로 인해 여인은 상처를 받는다. 자기 존재를 부정당한 것 같은 생각이 들었기 때문이다. 어느 날 일이 있어 요셉이 그 집에 들어섰을 때 여인은 그의 옷자락을 붙잡

틴토레토: 요셉과 보디발의 아내
Tintoretto(1518경-1594): Joseph and Potiphar's Wife, 1555

고 "나와 동침하자"고 요구한다. 요셉은 불에 덴 듯 화들짝 놀라 자기 옷을 여인의 손에 버려두고 밖으로 나갔다.

서양의 많은 화가들이 이 결정적 순간을 화폭에 담아냈다. 종교적 금기에서 풀려나 육체에 대한 탐구에 열중하던 르네상스 시대의 화가들에게 이 장면은 아주 좋은 소재였다. 베네치아의 화가들이 그려낸 보디발의 아내는 어깨나 가슴을 드러내고 있거나, 벌거벗고 있는 경우가 대부분이다. 틴토레토(Tintoretto)의 그림은 전형적이다. 요셉을 붙잡으려는 여인의 손은 절박하기 이를 데 없다. 반면 요셉은 다급하게 몸을 뒤로 젖혀 그 손아귀에서 벗어나려 애쓰고 있다. 이 극적인 대비가 빚어내는 긴장이 자못 심각하다.

여인의 손에 들린 요셉의 옷은 유혹을 뿌리친 자의 정결함의 상징이지만, 보디발의 아내는 그것을 정반대의 증거로 조작한다. "그 여인의 집사람들을 불러서 그들에게 이르되 보라 주인이 히브리 사람을 우리에게 데려다가 우리를 희롱하게 하는도다 그가 나와 동침하고자 내게로 들어오므로 내가 크게 소리 질렀더니 그가 나의 소리 질러 부름을 듣고 그의 옷을 내게 버려두고 도망하여 나갔느니라"(창 39:14-15).

좌절된 욕망 혹은 거절당함의 경험은 원망이나 분노로 화하기 쉬운 법. 그 분노에 기름을 붓는 것은 수치심의 자각이다.

애욕에서 거짓말로

보디발의 아내는 즉각 요셉에 대한 복수를 시작한다. 먼저 집 안에 있는 사람들을 자기의 음모에 끌어들인다. 실체적 진실이 무엇이든 그들은 어쩌면 그 음모에 기꺼이 속아 넘어갈 준비가 되어 있었는지도 모르겠다. 종으로 팔려 온 뜨내기가 어느 날 주인의 눈에 들어 자기들의 기득권을 위협하는 자리에까지 올랐으니, 그들이 요셉을 호의로 대했을 리는 만무하다. 그러나 그의 뒤에는 보디발이라는 거대한 산이 있으니 요셉을 함부로 대할 수도 없었다. 여인은 집 안에서 미세하게 작동하고 있던 그런 역학관계를 알아챌 만큼 명민한 사람이었다. '히브리 사람'이라는 말은 그들과의 차이를 드러내고, '우리'라는 말은 집사람들로 하여금 여인과 합일화할 수 있는 여지를 열어 준다. 사람들은 기꺼이 그 말의 올무에 걸려든다. 여인은 그들을 자기편으로 끌어들임으로써 알리바이를 완성한다.

그리고 남편이 귀가하기를 기다렸다가 즉시 요셉을 모함한다. "당신이 우리에게 데려온 히브리 종이 나를 희롱하려고 내게로 들어왔으므로 내가 소리 질러 불렀더니 그가 그의 옷을 내게 버려두고 밖으로 도망하여 나갔나이다"(창 39:17-18). '당신이 우리에게 데려온'이라는 표현은 선악과를 따먹고 책망을 받자 아담이 한 말을 연상시킨다. "하나님이 주셔서 나와 함께 있게 하신 여자 그가 그 나무 열매를 내게 주므로 내가 먹었나이다"(창 3:12).

죄는 책임의 방기 혹은 전가와 밀접하게 관련된다. 여인은 자기를 지키기 위해 소리를 질러 사람들을 불렀다고 말한다. 거짓의 드라마가 이렇게 만들어진다. 이로써 여인은 자신을 지키기 위해 최선을 다한 정결한 사람이 되고 요셉은 배은망덕한 패륜아가 되었다. 화가 난 보디발은 요셉을 감옥에 가둔다. 요셉의 전락은 끝이 없다. 형들에게 버림받아 물 없는 웅덩이에 갇히고, 종으로 팔리고, 이역 땅에서 감옥에 갇혔다. '구부야 구부구부가 눈물이로구나.'

보디발의 아내는 단테의 《신곡》 중 '지옥편' 제30곡에 등장한다. 단테는 그 여인을 사기꾼과 거짓말쟁이들이 머무는 곳인 지옥의 제8원에 배치한다. 그곳에서 여인은 목마를 트로이의 성안으로 들이도록 사람들을 설득했던 그리스인 시논과 함께 열에 들뜬 상태로 누워 있는 것으로 묘사된다. 단테는 아다모에게 묻는다.

"'너의 오른편에 바싹 달라붙어 누워 있으면서 겨울날 축축이 젖은 손처럼 연기를 피우고 있는 그 기구한 두 놈은 누구냐?' 그가 대답했다. '내가 이 벼랑으로 몰아쳐 왔을 때 그들을 여기서 보았더니, 저들은 꼼짝도 안 했는데 이후로도 언제까지나 움직이지 않을 것이오. 한 년은 요셉을 모함하던 거짓말쟁이, 다른 놈은 트로이의 거짓말쟁이 그리스인 시논. 그들은 호된 열병으로 독한 내를 뿜고 있다오.'"[9]

애욕에 사로잡힌 이들이 벌을 받는 장소는 지옥의 제2원인데, 단테가 보디발의 아내를 제8원에 배치한 것은 여인의 죄 가운데 애욕보다 더 큰 것이 거짓말이라고 보았기 때문인지도 모르겠다. 인간이 쓴 드라마에서 요셉은 바닥 없는 심연으로 가라앉고 있지만 하나님의 구원 드라마는 전혀 다른 방식으로 전개된다. 하지만 그 이야기는 지금 우리의 관심이 아니다. 우리는 요셉이 함께 즐기자는 여인의 제안을 거부했던 까닭이 궁금하다.

작가적 상상력

독일 작가 토마스 만(Thomas Mann)은 대작 《요셉과 그 형제들》을 통해 그 까닭을 상세하게 탐색한다. 길기는 하지만 그의 상상력과 추리력을 따라가 보기로 하자.

첫째, 하나님의 약혼자였던 요셉은 차마 하나님을 실망시킬 수 없었다. "그는 자신의 배신이 외로운 그분에게 안기게 될 특별한 아픔을 배려할 만큼 충분히 현명했다"는 것이다. 형벌에 대한 두려움 때문이 아니라 하나님의 아픔을 배려했다는 사실이 놀랍다.

둘째, 주인의 품위를 지켜 줄 뿐만 아니라 그에게 결코 상처를 입히지 않겠다고 맹세했기 때문이다. 자신을 알아봐 주고, 신임하고, 권한까지 위임해 준 이를 배신할 수 없었다는 것이다.

셋째, "흡사 남자처럼 행세하는 여주인의 구혼으로 말미암아 자신이 수동적인 여성의 위치로 내려가는 것을 원치 않았기 때문"이다. 요셉은 쾌락의 대상이 되고 싶지 않았다는 것이다. 오늘의 관점에서 본다면 성차별적인 요소인 것은 분명하다.

넷째, "조상 대대로 물려받은 자부심에서 비롯된 순결의 계명이 그로 하여금 그녀와 피를 섞지 못하도록 했다." 토마스 만은 애굽을 노쇠한 문명의 상징으로 읽는다. 그는 보디발의 아내의 유혹을 "미래를 언약할 수 없는 노쇠한 것"이 "젊은 피를 탐하는 것"으로 해석한다. 비록 아무것도 아닌 신세로 전락한 상태였다 해도 요셉은 속된 사람이어서는 안 되었다. 그런 자부심이야말로 끝없는 추락 속에서도 그를 지탱해 주는 힘이었던 것이다.

다섯째, 아버지에 대한 기억이다. 사람들이 모두 다산과 풍요를 보장해 준다고 믿는 우상 앞에 절을 할 때 야곱은 단호하게 그들과 절연하고 살았다. 축제의 열기에 빠져 행음하는 가나안 사람들의 현실을 혐오하던 아버지에 대한 기억은 요셉을 지키는 든든한 울타리였다.

여섯째, "사랑으로 말미암아 상대방을 애타게 그리는 그녀가 처하게 된 슬프고 저주스러운 상황을 지적하고 넘어가야 할 것" 같았다는 것이다. 요셉은 그녀의 "절규를 황폐한 유혹, 흡사 악마의 유혹 같은 것"으로 받아들였다. 정욕은 채워질 수 없는 허구렁이고, 정욕에 빠진 이들이 거두는 것은 공허함일 뿐임을 알았기에 요셉은 여인에게 그러한 진실을 깨닫게 하고 싶었다. 정욕 혹은 욕망은 시간이 갈수록 변질될 수밖에 없기 때문이다.

일곱째, 그의 가족 관계 속에서 벌어진 추문을 떠올렸기 때문이다. 야곱이 레아를 통해 얻은 아들 르우벤은 아버지의 첩 빌하를 범하는 죄를 저지른다(창 35:22). 르우벤은 아버지를 수치스럽게 만들었다. 그것은 지울 수 없는 기억이었다. 야곱은 임종의 자리에서 장자인 르우벤을 칭찬하는 한편 그가 한 부끄러운 행동을 상기시킨다. "르우벤아 너는 내 장자요 내 능력이요 내 기력의 시작이라 위풍이 월등하고 권능이 탁월하다마는 물의 끓음 같았은즉 너는 탁월하지 못하리니 네가 아버지의 침상에 올라 더럽혔음이로다 그가 내 침상에 올랐었도다"(창 49:3-4). 르우벤의 행위는 아버지를 발가벗긴 것이나 다름없었다. "요셉은 아버지의 근심 어린 눈이 자신을 내려다보고 있다고 느꼈다." 아버지의 눈길을 의식하면서 자신을 망각하고 아버지를 발가벗길 수는 없었던 것이다.[10]

한 개인의 행동을 결정짓는 요인은 참으로 다양하다. 작가는 상상력을 동원해 요셉의 마음에서 벌어진 복잡한 생각들을 읽어 낸다. 작가는 여인의 유혹을 물리친 요셉의 행동을 다 설명할 수 있다고 생각하지 않는다. 다만 복잡하기 이를 데 없는 인간 행동의 이면에서 작동하고 있는 다양한 계기들을 추론해 볼 뿐이다. 인간은 자기 자신에게도 낯선 존재다. 늘 이성적이고 합리적으로 행동하다가도 한순간에 무너지기도 한다. 특히 성의 문제는 이성의 경계를 허물 때가 많다.

보디발의 아내가 용모가 빼어나고 아름다웠던 요셉에게 끌렸던 것은 어쩌면 자기 안에 깃든 어떤 공허감 때문이었을 것이다. 자기 속의 결락을 채우고자 하는 것은 모든 인간의 보편적 욕망이다. 하지만 방향을 잘못 잡은 욕망이 우리를 끌고 가지 않도록 늘 경계해야 한다. 믿음의 사람은 하나님에 의해 자기 의지가 꺾인 사람이어야 한다.

주

1. 이홍재, '문경새재인가 문전세재인가', 전남일보(2013년 6월 20일)
2. 오규원, 《사랑의 技巧》 '만물은 흔들리면서', 민음사(1978년), p.79
3. 김현, 《나는 내가 무겁다》 중 김현승의 '鉛', 정우사(1994년), p.120
4. Claus Westermann, *Genesis*, Eerdmans(1987), p.263
5. Paul Tillich, *The Courage To Be*, Fountain Books(March 1977), p.161
6. 신원하, 《죽음에 이르는 7가지 죄》, IVP(2012년), p.186
7. 아브라함 요수아 헤셸, 《진리를 향한 열정》, 이현주 옮김, 종로서적(1985년), p.102
8. 아브라함 요수아 헤셸, 앞의 책, p.119
9. 단테 알리기에리, 《신곡》, 한형곤 옮김, 서해문집(2012년), p.301
10. 토마스 만, 《요셉과 그 형제들4》, 장지연 옮김, 살림(2001년), pp.762-776

운명에 저항한 사람

15

사람은 저마다 자기 삶의 저자다. 각자에게 분유(分有)된 시간과 공간 속에서 우리는 삶의 이야기를 써 간다. 무심하고 초연한 표정을 짓고 있는 노인들에게 다가가 그동안 살아오신 이야기를 들려 달라고 부탁해 보라. "내 이야기를 다 털어놓자면 책으로 몇 권은 써야 할 거야"라고 말하는 분들이 많다. 삶은 그렇게 기가 막힌 것이다. 남들이 보기에 평범해 보이는 이들도 벼랑 끝에 서서 심연과 마주한 경우가 한두 번은 다 있다. 그 절절한 삶의 이야기가 그의 지금을 만들었다고 해도 과언이 아니다. 사람들이 드라마나 영화에 탐닉하는 까닭은 그 속에서 자기의 흔적을 보기 때문이다. 그 흔적은 어떤 시기에 그를 사로잡았던 감정이나 정서일 수도 있고, 상처나 영광의 기억일 수도 있다.

사람들은 이야기를 좋아한다. 사람들이 진리와 이성의 언어인 로

고스보다 아득한 과거에 대한 집단적 기억을 떠올리게 해주는 신화적 언어인 미토스(mythos)를 더 좋아하는 까닭은 그 이야기를 통해 자기가 써 가야 할 삶의 이야기를 유추하기 때문이다. "우리가 사고하고, 상기하고, 상상하는 것은 과거에 지각하고, 이해하고, 실행하고, 경험한 것을 정신적으로 모방하거나 재가동하는 것"[11]이라고 하지 않던가? 이야기는 서로 교차하고, 합류하고, 변형되면서 확장되는 법이다.

형제간의 갈등 이야기

창세기는 원역사 부분과 아브라함에서 요셉에 이르는 선조들의 이야기로 구성되어 있다. 에덴 이후 시대를 살아가는 이들, 곧 불안이라는 숙명을 안고 살아가는 이들이 걸어간 흔적이 그 속에 고스란히 반영되어 있다. 창세기를 형제간의 경쟁(sibling rivalry)의 역사로 보는 이들도 있다. 실제로 가인과 아벨, 이삭과 이스마엘, 야곱과 에서, 요셉과 다른 형제들이 빚어내는 창세기의 이야기에는 긴장과 아픔이 진하게 배어 있다. 한 부모에게서 태어난 형제들이 사랑의 협력 관계를 유지하며 산다면 좋겠지만 현실은 그렇지 못하다. 형제간의 나이 차가 별로 나지 않을 때 상황은 훨씬 심각해진다. 부모의 사랑을 독차지하던 아이는 어느 날 느닷없이 등장한 동생에게 부모의 사랑이 집중되고 있음을 자각하면서 큰 상실감에 빠진다. 그래서 부모 몰래 동생에게 공격적인 행동을 보이거나, 부모의 관심을 끌기 위해 퇴행적인 행동을 하기도 한다.

가인과 아벨 이야기는 그 극단적인 예다. 에덴 이후에 태어난 최초의 인간이 나중에 형제 살해자가 되었다는 이야기는 시사하는 바가 크다. 가인과 아벨의 제사 이야기는 일종의 인정 투쟁사다. 둘은 모두 하나님께 귀한 것을 바쳤다. 하나님은 아벨이 바친 제물은 받으셨지만, 가인이 바친 제물은 받지 않으셨다. 제물이 문제였을까? 아니면 제물을 바치는 사람이 문제였을까?

사람들은 이 딜레마를 풀기 위해 다양한 해석을 내놓는다. 인류사적 관점에서 유목 문화에서 정착 문화로 넘어가는 과정에서 발생한 갈등을 반영한다고 보는 이들이 있다. 그런가 하면 하나님이 받으실 수 없었던 것은 제물 자체가 아니라 가인이라는 사람이었다고 말하는 이들도 있다. 이런 해석은 가인은 악인이고 아벨은 선인이라는 이분법에 기대고 있다. 문제는 악인인 가인은 살아남고 선인인 아벨은 죽임을 당했다는 데 있다. 이것이 어쩔 수 없는 세상 현실이라고 보아야 할까?

요람 하조니(Yoram Hazony)의 관점은 조금 다르다. 그에 따르면 농부인 가인은 "전통적이며 우상숭배적인 사회(이집트와 바벨론)를 대표한다. 그런 사회가 가르치는 최고 가치는 복종이다." 반면 목동인 아벨은 "참된 선을 자유롭게 추구하는 자유로운 지성을 대표한다." 더 나아가 "목동은 개인의 자유를 위해, 그리고 더 고상한 것을 추구하기 위해 거대 문명들의 권력과 부를 기꺼이 버리는 모든 개인이나 사회를 대표한다."[2] 요람 하조니에 따르면 아벨은 반항아다. 기존 질서에 동화되기를 거절하면서 인류의 참된 선, 하나님의 깊은 뜻을 헤아리며 창조적 삶을 영위하려 한 자유인이다. "하나님은 더 나은 선을 위해 노력하는 사람, 즉 남이 시키지 않아도 스스로 무엇인가를 좋게 만들려는 사람의 제물을 받으신다."[3]

물론 이것조차 성경을 이해하기 위한 하나의 해석일 뿐이다. 단 하나의 옳은 해석은 존재하지 않는다. 어떠한 경우에도 이야기는 단일한 해석으로 환원되지 않는다. 오히려 다양한 해석을 향해 열려 있기에 모든 사람에게 의미 있게 다가갈 수 있다.

형제간의 경쟁과 갈등은 운명적인 것인가? 인류학자 메리 더글라스(Mary Douglas)는 성서 기자가 "형제들의 배반과 추방에 대한 오래된 이야기를 기록한 까닭은 종종 전쟁으로까지 비화되는 해묵은 정치적 불화에 초점을 맞추기 위해서"[4]라고 말한다. 인접한 나라들이 한편으로는 친밀하지만 그보다 더 자주 반목하는 까닭을 원인론적으로 설명하고 있다는 것이다.

우애로운 형제들

형제 관계가 늘 경쟁이나 폭력으로 귀착되는 것은 아니다. 경쟁이 아니라 협동의 아름다움을 보여 주는 형제자매들도 있으니 말이다. 유대인의 전설 가운데는 솔로몬이 성전 지을 터를 어떻게 결정했는지를 들려주는 이야기가 있다. 우리가 어린 시절부터 들어 오던 '의 좋은 형제' 이야기와 거의 동일하다.

  이미 여러 개의 궁전을 지은 솔로몬은 하나님의 영광을 모실 성전을 짓지 못한 것에 대해 죄책감을 느끼고 있었다. 어느 날 자정이 지날 때까지 잠을 이룰 수 없었던 그는 조용히 궁전을 빠져나와 예루살렘 거리와 모리아 산 근처를 거닐었다. 다리 쉼을 할 겸 올리브나무에 기댄 채 이런저런 생각에 빠져 있는데, 발자국 소리가 들렸다. 가만히 바라보니 어떤 사람이 달빛 아래서 밀짚단을 운반하고 있었다. 솔로몬은 도둑임을 직감했지만 그가 하는 일을 가만히 지켜보았다. 도둑은 가까운 밭의 가장자리에 밀짚단을 옮겨 놓기를 반복했다. 그를 처벌해야겠다고 생각하는데, 두 번째 남자가 나타나 앞의 사람과 똑같은 일을 했다.

  다음 날 솔로몬은 두 밭의 주인을 각각 불러 문초를 했다. 그러자 그 첫 번째 사람은 자기 밭의 밀을 형님 밭으로 옮겨 놓았다면서, 형님은 자기보다 가족이 많기에 식량이 더 필요한데도 한사코 자기 도움을 받으려 하지 않기에 그렇게 할 수밖에 없었다고 대답했다. 솔로몬은 그를 옆방으로 물러가게 한 후에 두 번째 사람을 불러 "너는 왜 이웃의 재산을 훔쳤느냐?"고 물었다. 그 사람은 자기 밭의 밀짚단을 동생 밭으로 옮긴 거라며, 자기는 가족이 많아 함께 일할 수 있지만 동생은 가족이 없어 일꾼을 사야 하니 돈이 많이 들 것 같아 짚단을 가져다 놓았다고 대답했다. 솔로몬은 옆방에 있던 동생을 불러 두 형제의 우애에 깊이 감동했다고 말한다. 그리고 그들에게 청한다. "내게 그 밭을 팔도록 하라. 너희들이 이미 두터운 형제애로 그 땅을 신성하게 했기 때문에 나는 거기에다 하나님의 사원을 짓겠다. 그보다 더 가치 있는 곳은 없을 것이며 건전한 초석을 가질 수는 없을 것이다."5) 과연 성전을 지을 땅으로 그보다 나은 곳을 찾기 어려울 것이다. 형제간의 우애는 이렇게도 어려운 것일까?

장자로 산다는 것

에서와 야곱 이야기는 매우 전형적이다. 한배에서 나왔지만 둘은 사뭇 다르다. 살결이 붉고 온몸이 털투성이였던 에서는 호방하고 사냥을 좋아하는 들사람이었다. 그는 서양 회화사에서 대개 활을 든 모습으로 형상화된다. 성격이 차분했던 야곱은 주로 집에서 지냈다. 에서는 외향적이고, 야곱은 내향적이었다. 외향적인 사람은 에너지가 밖으로 흐르고, 내향적인 사람은 에너지가 안으로 흐른다고 한다. 성격은 에너지의 방향과 관련되기에 우열을 가릴 수가 없다.

에서는 아버지 이삭의 사랑을 듬뿍 받았다. 리브가는 상대적 약자인 야곱에게 더 마음을 두었다. 어머니의 본능일 것이다. 가부장적 문화권에서 장자의 지위는 특별하다. 책임과 의무에 따른 보상이 컸기 때문이다. 재산이 쪼개지는 걸 막기 위해 유산의 상당 부분이 장자에게 귀속되었고, 아버지의 축복을 받을 권리가 주어졌다. 태어남의 순서가 뭐 그리 중요한가 싶지만 고대 세계에서 장자는 아버지의 '기력의 시작'(firstfruits of his strength)이라는 각별한 의미를 부여받았다.

장자는 특권만 누리는 게 아니라 엄중한 책임도 져야 했다. 아버지의 부재 시에 아버지를 대신하여 가족을 통솔해야 했던 것이다. 한 가지 예를 들어 보자. 르우벤은 야곱의 장자였지만 장자의 역할을 잘 감당하지 못했다. 요셉에 대한 형제들의 미움이 커질 때 그는 형제들을 잘 다독거려 형제간의 갈등이 살의로까지 이어지지 않도록 해야 할 책임이 있었다. 아버지의 사랑을 독차지하고 있던 요셉이 홀로 들로 나왔을 때 다른 형제들은 절호의 기회가 왔다며 요셉을 제거하려 했다. 르우벤은 어찌했는가?

그는 요셉의 생명을 직접 해하지 말자고 동생들을 설득하는 한편, 그를 물 없는 구덩이에 던지도록 유도함으로써 면피성 행동을 취했다. 아버지의 무서운 책임 추궁으로부터 회피하는 동시에 다른 형제들과 척지지 않기 위한 처신이었다. 그는 책임을 지기 위해 모험을 하지 않는다. 해야 할 일을 철저히 외면하는 것은 아니지만 그렇다고 다른 이들과 긴장 관계 속에 머물기도 원치 않는다. 그는 어중간한 겁쟁이다.

르우벤의 모습은 그리스도의 몸이라 일컬음 받는 교회 곧 우리의 자화상인지도 모르겠다. 가난하고 소외된 이들을 돕기 위해 모금을 하고 또 때가 되면 봉사활동도 하지만, 그들이 처한 구조적인 모순을 해결하기 위해서는 노력하지 않는 교회, 불의와 싸우려 하지 않는 교회는 르우벤적 교회라 할 수 있지 않을까?

장자가 된다는 것은 그렇게 엄중한 일이다. 야곱은 나중에 애굽에 내려가 바로를 알현했을 때 나이를 묻는 바로에게 "내 나그네 길의 세월이 백삼십 년이니이다 내 나이가 얼마 못 되니 우리 조상의 나그네 길의 연조에 미치지 못하나 험악한 세월을 보내었나이다"(창 47:9) 하고 대답한다. 그는 자기 삶을 '험악한 세월'이라는 말로 요약한다. 어쩌면 그의 망막에는 지난 세월이 주마등처럼 스쳤을지도 모르겠다. 장자권을 둘러싼 형 에서와의 갈등, 도주, 외삼촌 라반의 집에서 머슴처럼 지내야 했던 나날, 치열했던 얍복 강 나루의 기도, 에서와의 화해, 라헬의 죽음, 아들을 잃었던 순간의 고통, 그때부터 삶에 짙게 드리워진 그늘, 그리고 믿어지지 않는 요셉과의 재회….

야곱의 이야기는 태중에서부터 형과 싸워 어머니의 애를 태운 일로부터 시작된다. 그리고 야곱이라는 존재의 성격이 전형적으로 드러난 것은 팥죽 한 그릇을 주고 형 에서로부터 장자의 명분을 사들인 사건이다. 아버지의 승인도 받지 못한 장자의 명분을 사고파는 것이 과연 의미 있는 일인가? 많은 이들이 이 사건을 두고 야곱은 장자의 명분 속에 깃든 하나님의 은총을 알아차린 눈 밝은 사람이고, 에서는 작고 사소한 것에 집착하여 하나님으로부터 주어질 은총을 소홀히 한 속물적 존재라고 말한다. 정말 그런가?

문명사적 전환 이야기

창세기 27장과 33장에 등장하는 에서는 하나님의 은총을 무시하는 사람도, 속물적인 사람도 아니다. 눈이 어두운 아버지 이삭이 동생을 축복했다는 사실을 알았을 때 그는 울면서 "아버지께서 나를 위하여 빌 복을 남기지 아니하셨나이까"(창 27:36) 하고 여쭙는다. 고향을 떠난 지 20년 만에 귀향한 동생을 맞았을 때 그가 보인 흔연한 용서는 감동적이지 않은가. 그는 저열한 욕망에 사로잡힌 무분별한 사람도 아니고, 거칠기만 한 무도한 사람도 아니다. 에서를 속물적 존재로 그린 것은 이스라엘과 에돔이 겪었던 반목의 세월을 정당화하기 위한 것이 아닐까?

에서는 팔에 붉은 털이 난 야만적인 이미지로 소비되고 있다. 클라우스 베스터만은 장자권 양도 이야기를 '새롭게 떠오르는 문화의 자기 진술적 음성'(self-assertive voice)으로 본다.[6] 사냥꾼에 비해 점차 우월적 지위를 차지하게 된 유목민과 농사꾼들 이야기 곧 문명사적 전환의 이야기라는 것이다. 야곱으로 상징되는 이스라엘 사람들은 이 이야기를 반복하면서 에서에게 경솔한 사람이라는 이미지를 덮어씌우고 싶었을 것이다. 팥죽 이야기 속에는 어쩌면 식민주의자들의 태도와 유사한 것이 감춰져 있는지도 모르겠다.

정치학자인 한나 아렌트는 전체주의의 뿌리를 19세기에 발흥한 제국주의로 본다. 제국은 공산품을 만들기 위한 원재료 산지를 확보하고 제품 판매 시장을 얻기 위해 식민지를 획득하는 일에 매진했다. 식민지 경영에 동원된 사람들 가운데는 본국에서 일자리를 얻지 못했거나 잉여적 존재로 취급받는 이들이 많았다. 하지만 식민지에서 그들은 새로운 정체성을 획득한다.

"식민지로 보내진 사람들은 외모도 전혀 다르고 풍습도 이질적일 뿐 아니라 언어를 거의 이해할 수 없는 현지 사람들(=타자)과 만남으로써 자신의 '동일성'을 새삼 확신하기에 이른다. 거기에는 당연히 자신이 '국민국가'의 일원이라는 의식뿐 아니라 '우리=백인'은 이성적인 문명인이고 '그들=백인이 아닌 자'는 미개한 야만인이라는 우월감과 차별의식도 덧붙여진다. 식민지의 지배자라는 자리에 서서 지배를 당할 만한 존재인 '그들'과 접촉하는 가운데 우월감과 차별의식은 점점 더 증폭된다."[7]

식민주의자들은 언제나 자기들의 지배를 정당화하는 서사를 만들곤 한다. 그 서사에서 타자화된 사람들은 늘 열등한 존재들이다. 이것이 잘 드러난 책이 조지 오웰(George Orwell)의 소설 《버마 시절》이다. 고등학교를 졸업하고 식민지 경찰로 인도차이나에서 근무했던 작가 자신의 경험을 바탕으로 쓴 책이다. 소설에는 다양한 인물들이 등장한다. 영국인이면서도 제국주의에 대해 비판적인 이(플로리)도 있고, 아시아에 대한 혐오와 멸시를 노골적으로 드러내는 이(엘리자베스)도 있다. 제국주의 체제를 미워하지만 자신의 이익을 위해 순종하는 척하는 현지인(우 포 킨)이 있는가 하면, 선진 문명에 대한 선망 때문에 제국주의에 자기를 동화하려는 이(베라스와미)도 있다.[8] 소설에 등장하는 인물들은 각자 자기 세계를 구축하며 살아간다. 누가 옳고 누가 그른지를 판별하는 것은 소설가의 몫이 아니다. 소설가는 단지 그런 복잡한 상황 속에 놓인 인간을 보여 줄 뿐이다. 서 있는 자리가 다르면 세상도 달리 보이게 마련이다.

　많은 설교자들이 야곱에 대한 하나님의 배타적 사랑을 입증하기 위해 에서에게 덧씌워진 부정적인 이미지를 반성조차 없이 소비한다. 말라기서도 마찬가지다. 말라기서는 여호와께서 이스라엘을 사랑하신다는 것을 변증하기 위해 에서에 대한 하나님의 미움을 언급한다. "에서는 야곱의 형이 아니냐 그러나 내가 야곱을 사랑하였고 에서는 미워하였으며 그의 산들을 황폐하게 하였고 그의 산업을 광야의 이리들에게 넘겼느니라"(말 1:2-3). 에서가 왜 미움을 받았는지는 알 수 없다. 하나님의 선택일 따름이다. 그러나 우리는 인과관계를 만드는 데 익숙하다. 에서에게는 분명히 어떤 문제가 있었다고 가정한다. 사람들은 에서가 하나님의 은총과 약속을 소홀히 여겼다고 단정한다. 장자의 명분을 팔아 버린 것이 그 증거라는 것이다.

운명에 저항하다

이 이야기를 문명사적 전환에 대한 담론으로 보는 관점을 뒤로하고 잠시 상상력을 발휘해 보자. 이 이야기를 언급하는 이들은 개역개정판에 나오는 '장자의 명분'이라는 용어보다는 '장자권'이라는 용어를 더 자주 사용한다. 공동번역과 새번역은 각각 이것을 '상속권'과 '맏아들의 권리'라고 번역하고 있다. 뉘앙스는 조금씩 다르지만 일단 개역개정판을 따라 이야기를 전개하기로 한다.

　야곱이 취한 것이 장자의 명분이라면 야곱은 왜 그 명분에 그렇게도 집착한 것일까? 그리고 에서는 왜 그 명분을 귀히 여기지 않은 것일까? 둘의 차이는 절박함의 차이에서 비롯된 것이 아닐까? 에서는 장자의 명분 유무와 관계없이 이미 강자다. 누가 보아도 그는 아버지의 사랑을 받는 사람이었고 자기 생을 주체적으로 이끌어 갈 육체적 역량도 가진 사람이었다. 하지만 야곱은 어머니의 모태에서 분리되는 그 순간부터 약자였다. 약자의 제일 과제는 살아남는 것이다. 야곱은 주어진 삶을 운명으로 받아들이면서 근근이 살아갈 수는 있었을 것이다. 하지만 그는 숙명론자가 아니라 자기 운명과 맞서 싸우는 사람이었다. 앞서 소개한 요람 하조니는 성서 내러티브가 시종일관 에서를 축복하려는 아버지 이삭의 뜻을 거역한 야곱의 행위가 옳았음을 증언한다고 말한다.

"하나님이 야곱을 기뻐하신 이유는 그의 변명할 여지 없는 거짓말 때문이 아니라, 쌍둥이 동생으로 태어난 우연이 그에게 강요한 운명에 야곱이 필사적으로 저항했기 때문이다."[9]

제국들이 각축하는 틈바구니에서 살아남아야 했던 이스라엘이 야곱을 자신들의 모델로 삼은 것은 어쩌면 당연한 일인지도 모르겠다. '험악한 세월'을 살았다던 야곱의 일생은 바로 이스라엘 사회의 전기인 셈이니 말이다. 곤고한 역사의 격랑을 헤쳐 나가면서 그들은 조상들로부터 전해 들은 선조들의 이야기를 통해 살아갈 힘을 얻었을 것이다. 이때 '우리는 선택받은 민족'이라는 상징 자본(symbolic capital)은 그들이 어려움 속에서도 자기 정체성을 유지하며 살아가도록 했을 것이다. 야곱이 에서로부터 사들인 장자권도 일종의 상징 자본이다. 장자의 명분이 실제적으로 주는 유익은 크지 않지만 그 명분은 야곱의 내면에 우뚝 세워진 기둥이나 마찬가지다. 기둥이 없거나 기울면 약간의 무게만 얹혀도 건물이 무너지지만, 기둥이 바로 서 있는 한 건물은 어지간한 하중을 견뎌 낸다.

장자의 명분은 어두운 시절을 지날 때마다 야곱의 불확실한 미래를 밝혀 주는 빛이 아니었을까? 하나님은 돌베개를 베고 잠을 청하던 도망자 야곱을 찾아가셔서 보호와 동행, 복과 귀환을 약속하셨다. 그 약속이야말로 그 상징 자본의 구체화였다.

하지만 그 기둥은 여전히 야곱이라는 존재의 비루한 욕망으로 얼룩져 있었다. 기둥이 바로 서기 위해서는 그가 의지하고 있던 기둥이 먼저 무너져야 했다. 역설이다. 외가인 밧단아람을 떠나 고향으로 돌아올 때 그는 이미 일가를 이루었다. 여러 아내와 자식들을 두었고, 재산도 많이 불어났다. 그러나 귀향길이 흔연하지만은 않았다. 형 에서와의 갈등이 해결되지 않았기 때문이다. 장자의 명분을 빼앗고 눈 어두운 아버지를 속여 형에게 돌아갈 축복까지 가로챘던 과거는 살아남기 위해서라는 명분에도 불구하고 어두운 그늘이었다. 아버지가 세상을 떠나 장례를 치르고 나면 과거 에서가 "내가 내 아우 야곱을 죽이리라" 다짐하던 것을 실행에 옮길지도 몰랐다.

고향 땅이 멀지 않은 얍복강에 당도했을 때 그는 잠을 이룰 수 없었다. 이미 이런저런 상황을 예측하면서 나름대로 대책을 세웠다고는 하지만 어떤 일이 벌어질지 알 수 없기에 초조했다. 한밤중에 두 아내와 두 여종과 열한 아들을 인도하여 얍복 나루를 건너게 하고 재산까지도 다 건너보낸 후 그는 홀로 남았다. '홀로' 자기 운명과 마주했던 것이다. 그때 어떤 낯선 존재가 나타나 야곱을 붙들었고 그래서 그는 죽을힘을 다해 그 낯선 존재와 씨름을 했다. 그 낯선 존재는 야곱의 허벅지 관절을 쳐서 뼈가 어긋나게 만들었다.

이 허벅지 관절의 어긋남은 매우 상징적이다. 지금까지 야곱은 그의 이름 뜻 그대로 남의 발목을 잡으며 살아왔다. 어머니의 모태에서부터 에서의 발목을 잡았고, 장자의 명분을 빼앗고, 축복까지 가로챘다. 친족 관계를 이용해 그를 도구화하던 외삼촌 라반의 재산을 자기 것으로 바꾸기도 했다. 살아남기 위해서 그는 수단과 방법을 가리지 않았다. 자기 발로 든든히 서서 고단한 인생길을 헤쳐 온 것이다. 그러던 그의 허벅지 관절이 어긋났다. 이제 더 이상 옛 삶의 방식은 가능하지 않게 되었다.

절박했기에 그는 그 낯선 존재에게 "내게 축복하지 아니하면 가게 하지 아니하겠나이다"라고 말한다. 그 사람이 "네 이름이 무엇이냐" 묻자 "야곱이니이다"라고 대답한다. 자기 입으로 자기가 남의 발목을 잡는 자임을 실토한 것이다. 그때 그가 "네 이름을 다시는 야곱이라 부를 것이 아니요 이스라엘이라 부를 것"(창 32:28)이라고 말한다. 야곱은 이제 하나님과 겨루어 이긴 사람이라는 새로운 이름을 얻게 되었다. 이 말을 승패라는 단순한 도식으로 보지 말아야 한다. 어제까지의 야곱은 죽었다.

그는 이제 남의 발목을 잡는 사람이 아니라 하나님의 은총으로 사는 새로운 존재 이스라엘이 되었다. 동녘 하늘에 아침 햇살이 번져갈 때 그는 절뚝이며 형 에서를 향해 나아간다. 기둥이 무너진 집처럼 그의 몸은 좌우로 흔들렸지만 그의 내면에는 흔들리지 않는 기둥 하나가 섰다. 그리고 그는 이스라엘 열두 지파의 아버지가 되었다. 장자의 명분은 더 이상 명분이 아니라 실재가 되었다. 운명에 저항했던 한 사나이의 서사는 이렇게 완성되었다.

주

1. 브라이언 보이드, 《이야기의 기원》, 남경태 옮김, 휴머니스트(2013년), p.225
2. 요람 하조니, 《구약성서로 철학하기》, 김구원 옮김, 홍성사(2016년), pp.84-85
3. 요함 하조니, 앞의 책, p.140
4. Mary Douglas, *Jacob's Tears*, Oxford University Press(2012), p.14
5. 레오 파브라트, 《불꽃》, 현경미 옮김, 을지출판사(1991년), p.91
6. Claus Westermann, *Genesis*, Eerdmans(1987), p.184
7. 나카마사 마사키, 《왜 지금 한나 아렌트를 읽어야 하는가?》, 김경원 옮김, 갈라파고스 (2017년), p.57
8. 조지 오웰, 《버마 시절》, 박경서 옮김, 열린책들(2010년) 참조
9. 요람 하조니, 앞의 책, p.110